Vergrabene
Küchenschätze
aus aller Welt

PETER BECKER

# Knollen

Vergrabene
Küchenschätze
aus aller Welt

**PETER BECKER**

Fotos von
Rogge & Jankovic Fotografen

# Knollen

**KOSMOS**

# Inhalt

# Zum Geleit

Wir begegneten uns zum ersten Mal bei einer großen Kochaktion zum Kinostart meines Films „Taste the Waste“ – 3500 Menschen wurden damals in Mainz mit Lebensmitteln versorgt, die eigentlich zur Vernichtung bestimmt waren. Zu krumm, zu klein, zu groß – Peter Becker war sofort klar, dass diese Verschwendung gestoppt werden muss, und zeigte unter einem Transparent „Wir brotestieren“, wie man einen Brotpudding aus Resten zaubert.

Für unser Kochbuch schuf der Wildkräuter-Koch dann Rezepte mit all den essbaren Pflanzen, die vor unserer Haustür wachsen, die aber kaum einer kennt: Giersch, Eicheln, Springkraut. Und mit unserem Verein „Taste of Heimat“ leitete er Exkursionen in die Kölner Parks, um dort Japanischen Knöterich zu ernten – wir kochten daraus Kompott und Relish. Und noch spaßiger war die Hanfernte bei Bauer Bernd, da lernten wir von Peter Becker, wie Hanf-Flammkuchen und Hanf-Tee schmecken.

Aber bei allem kulinarischen Erfindungsgeist steht immer auch eine politische Botschaft dahinter: Peter Becker engagiert sich gemeinsam mit mir und vielen anderen für eine Ernährungswende. Dabei geht es nicht nur um Wildkräuter, sondern auch um mehr Vielfalt auf unseren Äckern. Die Supermärkte bieten nur noch einen Bruchteil der Kulturpflanzen an, die einst regional angebaut wurden. Bei Knollen ist das sicher am extremsten, neben der Kartoffel bleibt nicht viel, und selbst hier schwindet die Zahl der Kartoffel-Sorten. Das ist nicht nur schade, weil die Geschmacksvielfalt verarmt, sondern auch schlecht für die Biodiversität und unsere Kulturlandschaft.

Global betrachtet, ist es noch schlimmer. Die verschwindenden Sorten könnten für mehr Ernährungssicherheit sorgen. Denn der Klimawandel, der vor allem in den Entwicklungsländern für Hunger sorgen wird, wird dort am härtesten zuschlagen, wo die Uniformität auf den Äckern am größten ist. Mehr Kulturpflanzen sorgen für Krisensicherheit: Mal fällt die eine Pflanze aus, mal die andere, je nachdem, wann Trockenheit oder Starkregen zuschlagen. Vor allem aber wäre eine Rückkehr zu den Knollen auch eine Rückkehr zu einer eigenständigen Versorgung, die gerade Afrika am dringendsten braucht.

Afrika, das früher Nahrungsmittel exportierte, hängt immer mehr am Tropf des Weltmarktes. Die Bevölkerung der Städte kopiert unseren Ernährungsstil und isst als Grundnahrungsmittel Brot – Wahnsinn in den Tropen, wo überhaupt kein Weizen wächst. Der muss aus Europa und Nordamerika importiert werden. Wenn dann an den Börsen mit den Getreidepreisen spekuliert wird und diese in die Höhe schnellen, katapultiert das Millionen von Menschen in den Hunger.

Das müsste nicht sein, wenn sich Afrikaner, Asiaten und Südamerikaner auf ihre traditionellen Knollenfrüchte besinnen würden. Die können sie nämlich selbst anbauen. Und wir könnten sie dabei unterstützen, indem wir einen Teil der Knollenernte importieren, am besten Fair Trade, also zu fairen Preisen gehandelt.

—— Valentin Thurn

# Knollen

## eine Entdeckungsreise zu vergrabenen Küchenschätzen

Essen ist für das menschliche Dasein die wichtigste Betätigung – nicht nur, weil wir alle genusssüchtige Leckermäulchen sind und unsere Gesundheit immer wieder maßgeblich durch Nahrung erneuern, sondern vor allem, weil es uns alle gleich macht. Beim Kauf seiner täglichen Mahlzeiten hat jeder gleich große Macht. Von all unseren Einflussmöglichkeiten auf das Weltgeschehen wirken wir mit unserer täglichen Entscheidung, was oder wo wir einkaufen, am meisten mit. Jedes Mal, wenn wir statt TK-Pommes vom Discounter zu einer frischen Knolle vom Wochenmarkt greifen, entscheiden wir uns zwischen unserem geringsten und unserem höchstmöglichen Maß an Einfluss.

Mit liebevoller Pflege gedeihen unsere Küchenschätze besonders gut.

### NEUE NAHRUNGSPFLANZEN

Thomas Jefferson war's, glaube ich, der sagte, man könne der Menschheit keinen größeren Dienst erweisen, als ihr eine neue Nahrungspflanze zu erschließen. In diesem Sinne möchte ich Ihnen, liebe Leserinnen und Leser, in diesem Buch 18 wunderbare Knollengemüse vorstellen, die Ihrer Gesundheit genauso große Dienste leisten können wie sie Landwirtschaft und Welthandel nachhaltig zu beeinflussen vermögen. Es ist das Resultat meiner 15-jährigen Recherche rund ums Thema alternative Knollen. Die Begeisterung für neue Lebensmittel begleitet mich schon fast mein Leben lang und steht auf dem Fundament meiner

Die Süßkartoffeln bei uns im Handel stammen oft aus Übersee, werden aber inzwischen auch vermehrt in Deutschland angebaut.

Faszination für die Botanik, des Wunsches nach „artgerechter Ernährung", der Leidenschaft fürs Kochen und der Einsicht, dass jede bei uns vergeudete Kalorie anderswo fehlt. Die Diskrepanz zwischen dem Überfluss hier und dem Welthunger dort, zwischen der Verschwendung natürlicher Reichtümer und der Ungerechtigkeit ihrer Verteilung beschäftigen mich seit meiner Jugend.

Zunächst musste ich aber erst einmal verstehen, dass wir Menschen Opfer einer mangelhaften Versorgung mit essenziellen Nährstoffen sind, aus der eine Art Unersättlichkeit folgt. Die Chance, unseren Körper dreimal täglich mit allem zu versorgen, was er zum gesunden Leben braucht, ist dem orgiastischen Genuss von billiger Fertignahrung gewichen. Dadurch reagieren wir auf ein Hüngerchen oft mit einer beschämenden „Verfressenheit". Tatsächlich zeigt Hunger jedoch einen Bedarf an, den wir erst decken können, wenn wir unser naturgemäßes Nahrungsspektrum zur Gänze kennengelernt haben.

Auch Salate lassen sich mit unzähligen Pflanzenarten bunt variieren.

## GANZES SPEKTRUM NUTZEN

Deshalb gründete ich im Jahre 2000 NewTritionInk. Als Kritik an unserer Esskultur steht in meinem Logo schon als Symbol auf dem Teller die allgegenwärtige Frage: Was können wir denn überhaupt noch essen angesichts der unzähligen Lebensmittelskandale, der widersprüchlichen Diätkonzepte und einer Foodindustrie, die ganz bestimmt nicht unser leibliches Wohl im Sinn hat? Als Lösungsansatz veränderte ich das englische Wort für Ernährung „Nutrition" zu „Newtrition".

Denn ich fand meine Antwort in einer Gegenfrage: Wie würden wir uns ernähren, wenn unsere Instinkte unsere Nahrungspakete schnüren würden? Warum sollte uns die Bionik – die Wissenschaft, die uns nach dem Vorbild der Natur die grandiosesten technischen Entwicklungen beschert –, nicht auch dabei helfen, unser Essverhalten zu optimieren und uns eine unabhängige Essthetik anzueignen?
Kurz gesagt bedeutet das: Als Allesfresser sollten wir am besten unser gesamtes Nahrungsspektrum nutzen. Und seitdem versuche ich das Tag für Tag zu verwirklichen: Ich erforsche jedes gegenwärtig ungenutzte essbare Gewächs auf seine Brauchbarkeit für unsere Ernährung und stelle es als Lebensmittel vor, wie das Jahrmillionen unsere tägliche Praxis als Jäger und Sammler war. Unsere nächsten Verwandten, die Menschenaffen, machen es doch genauso. Ihre Jungtiere lernen jede erdenkliche Futterquelle kennen, um in Zeiten von Nahrungsknappheit überleben zu können.

Wir kennen heute über 40 000 Krankheiten und gleichzeitig mehr als 50 000 essbare Pflanzen, von denen jede einzelne unser Wohlergehen fundamental beeinflussen kann. Wie beispielsweise nur der Chinarindenbaum Malariapatienten hilft, so ist doch bestimmt gegen jedes Zipperlein ein Kraut gewachsen.

Und so ist auch jede neue Knolle auf unserem Speiseplan weit mehr als nur die Summe ihrer Kalorien. Jede einzelne ist biochemisch eine jahrmillionenalte Erfolgsgeschichte, an der wir nur teilhaben, wenn wir sie essen und unserem Körper ihren artenspezifischen Vitalstoffkomplex verfügbar machen.

Als Wildkräuterdozent stelle ich meinen Schülern und Seminarteilnehmern essbare Wildpflanzen als ungenutzte Ressourcen vor, die alle modernen Kriterien gesunder Ernährung erfüllen: Sie sind biologisch, regional, saisonal und super frisch. Als Gesundheitsberater für Ernährung ist es mir natürlich auch wichtig, Vielseitigkeit zu propagieren. So könnten wir beispielsweise die tägliche Petersiliengarnitur immer wieder durch andere, neue Kräuter ersetzen. Und als Ausbilder für Köche weiß ich, dass die drei wichtigsten Lebensmittel der Menschheitsgeschichte, nämlich Weizen, Reis und Kartoffeln, beinahe 80 Prozent aller aufgenommenen Kalorien liefern, wir uns also in Sachen Stärkebeilagen keineswegs vielseitig ernähren.

## MEINE KNOLLENKUNDE

Schon als ich 1990 in den USA anfing, als Koch zu arbeiten, bildete ich mich privat fort: Ich kaufte täglich in asiatischen und kubanischen Supermärkten ein, um neue Gemüsearten und Knollen kennenzulernen. Wenn ich dann zwischen den Bestellungen nebenbei mit Yambohne und Taro experimentierte, waren Verwunderung und Spott meiner Kollegen vorprogrammiert. Denn einerseits war ein solches Experimentieren für Köche damals einfach nicht üblich, andererseits wahrt die Branche in Bezug auf Knollen mit geradezu beharrlicher Ignoranz den Status quo.

Die für ihren Nährwert hoch gepriesene Kartoffel ist spätestens mit dem Kartoffel-Edikt Friedrichs des Großen vor rund 250 Jahren zur unangefochtenen, einzigen Knollenbeilage der Deutschen avanciert. Ihre weltweite Verbreitung gelingt mittlerweile in fast jedem Klima und verdrängt traditionelle Knollengewächse.

Die Apiospflanze hat wunderschöne li a Schmetterlingsblüten.

Vor diesem Hintergrund hielt ich 2004 zum ersten Mal mein Seminar „Es muss nicht immer Kartoffel sein!“ ab, um Alternativen vorzustellen. Doch damit stieß ich damals sowohl bei meinen Kochkollegen als auch bei Verbrauchern fast nur auf taube Ohren. Niemand hatte großes Interesse daran.

Doch in den mehr als 10 Jahren seit meinem ersten Seminar schuf ich durch meine vielseitige Arbeit in Umweltbildung, Naturschutz und Gastronomie sowie durch zahlreiche Kräuter- und Garten-Unterrichtseinheiten ein Netzwerk an Multiplikatoren, Kunden, Lesern und Schülern und erarbeitete eine umfangreiche Logistik, um mein „Knollenprojekt“ nun endlich verwirklichen zu können. Die Internetrecherche mit Landwirten aus aller Welt ist oft ein schwieriges Puzzeln und die Suche nach neuen Knollen führt mich auf Höfe, Märkte und Messen im ganzen Bundesgebiet und bis nach Holland. Am liebsten würde ich ins Ursprungsland jeder Knolle reisen und dort ein Fair-Trade-Handelsabkommen schließen. Es bleibt zu hoffen, dass das vorliegende Buch mir hilft, die richtigen Partner und Entscheidungsträger zu mobilisieren, um meine Knollenkunde in unserer Esskultur zu verankern.

Um Oca selbst anzubauen, kann man im Handel Jungpflanzen kaufen.

## BACK TO THE ROOTS

Zurück zu den Wurzeln – das ist die Hauptaufgabe mehrjähriger Pflanzen im Spätsommer und Herbst, um vor dem Winter alle verfügbaren Nährstoffe im Erdreich als Reserve für das nächste Frühjahr einzulagern. Dabei schwillt das Wurzelgewebe an und bildet Knollen, Rhizome und Zwiebeln. Zurück zu den Wurzeln, zu den Ursprüngen ist jedoch auch in der menschlichen Kultur ein wichtiger Mechanismus, wenn auf der Überholspur unserer Hightech-Gesellschaft langjährige Traditionen schnelllebigen Innovationen weichen müssen und dabei oftmals bewährte Abläufe in Vergessenheit geraten. Bevor bei uns die Landwirtschaft revolutioniert und nur wenige Kulturpflanzen in riesigen Monokulturen angebaut wurden, konnten Menschen je nach Saison meist eine Vielzahl knollenbildender Gewächse sammeln. Da wurden Schmerwurz, Lilienzwiebeln, Rapunzelknollen, Knöterich-Rhizome, Kerbelrüben und verschiedene Aronstab- und Simsen-Sprosswurzeln, Wassernüsse und Erdkastanien als Wildgemüse genutzt. Mit der Einführung von Cash Crops (Exportfrüchten) und Billigware aus der Massenproduktion geraten heutzutage selbst in Schwellenländern viele solcher lang genutzter Nahrungsressourcen in Vergessenheit. Die extensive Landwirtschaft mit Kunstdünger und chemischem Pflanzenschutz ist dabei genauso verheerend für das Ökosystem wie die Verdrängung bzw. der Verlust der heimischen Vegetation.

Die köstliche Säure von Ocaknollen ist ein echter kulinarischer Genuss.

### Ein steiniger Weg

Der Schritt weg von öder Einheitsnahrung zur bestmöglichen Versorgung mit allen verfügbaren „Futterpflanzen“ ist allerdings schwierig. Denn Gastronomen wollen in der Regel das, was der Bauer nicht kennt, auch nicht auf ihre Speisekarte nehmen. So brauchte ich in all den Jahren als Botschafter für die essbare Spontanvegetation als regionale Ressource und Gesundheitsreform zum Nulltarif größte Beharrlichkeit und wurde mit meiner Knöterich Manufaktur zum Einzelkämpfer, mit der ich die kulinarische Nutzung von Schädlingen als nachhaltige Alternative zur chemischen Keule propagiere. Unter dem Strich haben die jahrelangen Widerstände einen authentischen Botschafter aus mir gemacht.

Aber durch die Globalisierung wird es immer einfacher, alle Welt zu erreichen. Foodhunting macht meine Leidenschaft mittlerweile zum Volkssport, und jeder Verbraucher kann in Bürgergärten selbst zum Aktivisten werden und neue Knollen im Anbau erproben.

## MEINE VISION

Ich wünsche mir, in Zukunft den Kartoffelkonsum bei uns zu halbieren. Alle im Buch vorgestellten Knollen werden zu einem 4- bis 20-mal höheren Kilopreis gehandelt als Kartoffeln. Sie könnten als Nischenprodukte die Landwirtschaft sanieren, fördern die biologische Vielfalt unserer Agra- oder Kulturflächen und könnten wichtige neu transfaire Märkte in den Anbauländern eröffnen. Neben diesen Vorteilen für Gärtnerei und Landwirtschaft eröffnet jede dieser faszinierenden Knollen neue Geschmackswelten und Chancen für eine gesunde Ernährung und eine nachhaltige Entwicklung.

Also, liebe Leserinnen und Leser,
viel Spaß beim Lesen, Ausprobieren und Experimentieren und guten Appetit!

——— Peter Becker

# Aus dem Supermarkt

Diese tollen Knollen bekommen Sie fast überall und leicht bei uns im Handel.

**„AUCH WENN ALLE KNOLLEN DIESES KAPITELS ALS LEBENSMITTEL IM HANDEL ERHÄLTLICH SIND, BAUE ICH SIE GERNE SELBER AN.“**

——— Peter Becker

# Trüffelkartoffel

—— **Solanum andigenum**

## HERKUNFT

Das Ursprungsgebiet der als Vitelotte bekannten blauen, französischen Trüffelkartoffel, die zu den Ur-Kartoffeln zählt, liegt in den andinen Gebirgsschluchten und Hochebenen entlang des Titicacasees.

## GESCHICHTE

Neben den alltäglichen Standard-Kartoffeln, die alle auf *Solanum tuberosum* zurückgehen, entstammen die im Ursprungsgebiet heimischen 4000 Kartoffelsorten auch anderen Kartoffelarten wie beispielsweise *S. goniocalyx, S. stenotomum, S. chaucha, S. phureja, S. juzepczukii, S. curtilobum* und auch *S. andigenum.*

Während die Trüffelkartoffel hierzulande erst seit 2004 kultiviert wird, ist sie in Frankreich schon seit 1830 als edle Zutat der gehobenen Gastronomie populär und bei Gourmets äußerst beliebt.

Die Vitelotte ist damit sozusagen Wegbereiter für andere alte Sorten wie etwa der knallgelben Tumbay-Kartoffel, die gerade in Peru ein Comeback erlebt. Dort besinnt sich die südamerikanische Kochbewegung „Cocina Novoandina" auf ihre Ursprünge und die Vielfalt der rund 140 Kartoffel-Wildarten, feiert alte Kartoffelsorten – wie beispielsweise die besonders schönen bunten Sorten Ajanhuiri, Maori Chief, Peruanita oder Mayan Twilight – in neuen Gerichten und fördert damit eine landwirtschaftliche Re-Orientierung. Im peruanischen „Parque de la Papa" in Cusco wird die heimische Vielfalt und damit ein Genpool an Zuchteigenschaften sogar in einem eigenen Kartoffelpark bewahrt.

## VORTEILE FÜR DIE ERNÄHRUNG

Solch farbige Kartoffeln wie die Trüffelkartoffeln sind wirklich etwas Besonderes auf dem Teller, und es gibt in Deutschland eine ganze Reihe derart erlesener Sorten: Blaue Elise, Rote Emma, Mecklenburger Schecke, Violetta, Highland Burgundy Red oder Blue Congo. Diese Knollen konzentrieren in ihrer Farbe eine Reihe von biosekundären Inhaltstoffen wie Polyphenole, Antioxidantien und Vitamine, was sie noch gesünder macht.

## VORTEILE FÜR DIE LANDWIRTSCHAFT

Zwar ist der Anbau von Trüffelkartoffeln aufwendiger, dafür aber auch lukrativer als der von gewöhnlichen Kartoffeln. Die Förderung dieser Sorten eröffnet Landwirten hierzulande völlig neue Märkte mit deutlich höheren Kilopreisen und schafft für südamerikanische Kleinbauern die Möglichkeit, diese Köstlichkeiten fair zu handeln – was den Bauern vor Ort und der internationalen Forschung zugutekäme, die die Sortenvielfalt erhält.

## ANBAU

Die Anbaubedingungen der Trüffelkartoffel unterscheiden sich nur wenig von denen anderer Kartoffelsorten. Die Knollen können selbst in Kübeln gezogen werden und sind enorm widerstandsfähig gegenüber Braun- und Krautfäule. Sie werden ab Mitte April in einen mit Kompost und Steinmehl angereicherten, sandigen, lockeren Boden an einem sonnigen Standort in 15 cm Tiefe eingesetzt. Geerntet wird nach Frosteintritt.

**Beschreibung Pflanze und Knolle**

Die aufrecht oder kletternd wachsenden, krautigen Pflanzen werden bis zu 1 m hoch. Ihre kurzstieligen, wechselständigen und unpaarig gefiederten Blätter werden bis zu 30 cm lang und 15 cm breit. In Trugdolden-förmigen Blütenständen bilden sich weiße bis violette glockenförmige Blüten, aus denen gelblich-grüne Beeren mit vielen Samen entstehen.

Die Blütenfarbe steht in keinem Zusammenhang mit der Knollenfarbe. Trüffelkartoffeln sind zumeist festkochend und kommen in allen möglichen Formen und verschiedensten Blau- und Lilatönen von Schale und Fleisch vor.

# Blue-Congo-Skins

## mit Champignonfüllung

**Für 4 Portionen**
**Zeitbedarf:**
**ca. 40 Min.**
**+ ca. 45 Min. backen**
**+ 10 – 15 Min. überbacken**

**Zutaten:**

- 4 Trüffelkartoffeln (Blue Congo, je ca. 100 g)
- 500 ml Pflanzenöl zum Frittieren
- 100 g Champignons
- 1 Zwiebel
- 2 Knoblauchzehen
- 20 g Butter
- 200 ml Sahne
- 1-2 Stängel Blattpetersilie
- Salz, grüner Pfeffer aus der Mühle
- 80 g Cheddar-Käse

1. Den Backofen auf 190 °C (Umluft 170 °C) vorheizen.

2. Kartoffeln unter fließendem Wasser gründlich abbürsten, abtrocknen und auf ein Backblech legen. Im heißen Backofen ca. 45 Minuten backen, danach halbieren und abkühlen lassen. Die Kartoffelhälften vorsichtig mit einem Teelöffel aushöhlen und das Kartoffelfleisch anderweitig verwenden (siehe Tipp).

3. Öl in einer Fritteuse oder in einem hohen Topf auf ca. 175 °C erhitzen. Ausgehöhlte Kartoffelschalen darin eventuell portionsweise ca. 4 Minuten knusprig frittieren.

4. Champignons putzen, mit Küchenpapier abreiben und in Scheiben schneiden. Zwiebel und Knoblauch abziehen und fein würfeln. Butter in einer Pfanne zerlassen. Champignons mit Zwiebel- und Knoblauchwürfeln darin scharf anbraten. Mit Sahne ablöschen und ca. 10 Minuten einköcheln lassen.

5. Den Backofen erneut auf 190 °C (Umluft 170 °C) vorheizen.

6. Petersilie abspülen und trocken tupfen. Blättchen von den Stängeln zupfen und klein hacken. Etwas Petersilie zum Bestreuen beiseitelegen. Champignonmasse mit der restlichen Petersilie, Salz und grünem Pfeffer abschmecken und in den frittierten Kartoffelhälften verteilen. Käse reiben und darüberstreuen.

7. Gefüllte Trüffelkartoffel-Skins auf ein Backblech setzen und im heißen Backofen 10 bis 15 Minuten überbacken. Mit Petersilie bestreuen und servieren.

### Mein Tipp

Ich reiche die Blue-Congo-Skins als Fingerfood, kleine Vorspeise oder mit Blattsalat als Hauptgericht. Das Rezept ist ideal, um übrig gebliebene Backofenkartoffeln zu verwerten, und mit der ausgelöffelten Kartoffelmasse lassen sich Cremesuppen wunderbar binden.

# Trüffelkartoffel-Sandwich

## mit peruanischer Maissauce

**Für 4 Portionen**
**Zeitbedarf:**
**ca. 40 Min.**
**+ ca. 60 Min. gehen lassen**
**+ ca. 40 Min. backen**

**Zutaten:**
**Für die Mais-Milchbrötchen:**
- je 275 g Mehl und Maismehl
- 1 Pck. Trockenhefe
- 250 ml lauwarme Milch
- 60 g weiche Butter
- 1 Ei (Größe M)
- 50 g Zucker
- 1 gestr. TL Salz
- 1 EL Milch zum Bestreichen

**Für die Trüffelkartoffeln:**
- 400 g Trüffelkartoffeln
- Salz, grüner Pfeffer aus der Mühle
- Chilipulver
- Knoblauchgranulat
- 3 EL Pflanzenöl

**Für die Maissauce:**
- 150 ml Milch
- 1 Eigelb
- 1 gelbe Chilischote
- 30 g Fetakäse
- 2 EL Maiskörner (Dose)
- Salz, grüner Pfeffer aus der Mühle

- einige Triebspitzen Franzosenkraut
- 4 EL Butter

1. Für die Mais-Milchbrötchen beide Mehlsorten mit Hefe in einer Schüssel mischen, Milch, Butter, Ei, Zucker und Salz hinzufügen und mit dem Handrührgerät ca. 5 Minuten auf höchster Stufe zu einem glatten Teig verarbeiten. Den Teig ca. 60 Minuten an einem warmen Ort gehen lassen. Den Backofen auf 190 °C (Umluft 170 °C) vorheizen.

2. Den Teig in 4 Portionen teilen und daraus 4 lange Baguette-Brötchen formen. Die Teigbrötchen auf ein Backblech setzen, mit Milch bestreichen und ca. 20 Minuten im heißen Backofen backen. Brötchen aus dem Ofen nehmen und abkühlen lassen.

3. Für die Trüffelkartoffeln in der Zwischenzeit Trüffelkartoffeln unter fließendem kalten Wasser gründlich abbürsten und eventuell dünn schälen. In ca. 7 mm dünne Scheiben schneiden und mit Salz, grünem Pfeffer, Chilipulver, Knoblauchgranulat und etwas Pflanzenöl einreiben.

4. Ein Backblech mit Backpapier belegen. Die Kartoffeln auf dem Backblech verteilen und ca. 20 Minuten im heißen Backofen backen.

5. Restliches Pflanzenöl in einer Pfanne erhitzen. Vorgegarte Kartoffelscheiben nochmals würzen und darin knusprig braun braten.

6. Für die Maissauce Milch mit Eigelb in einer Schüssel unter ständigem Rühren langsam über dem warmen Wasserbad erwärmen, bis sie cremig ist. Anschließend abkühlen lassen. Chilischote waschen, entstielen, längs aufschneiden, entkernen und fein hacken. Eigelbmilch mit Käse, Mais und Chili in einen Rührbecher geben, mit dem Pürierstab pürieren und mit Salz und Pfeffer abschmecken.

7. Franzosenkraut abspülen, trocken tupfen und grob hacken. Die Milchbrötchen aufschneiden, mit Butter bestreichen und im Sandwichmaker toasten. Gebackene Kartoffelscheiben fächerartig darauflegen, Maissauce darüberträufeln und mit gehacktem Franzosenkraut garnieren.

### Mein Tipp

Franzosenkraut oder auch Kleinblütiges Knopfkraut ist hierzulande ein weitverbreitetes Wildkraut, das ursprünglich aus Peru stammt und seit der französischen Revolution bekannt ist, daher der Name.
Die Sauce basiert auf der Sauce Huancaína, die man in Peru mit Käse, Mais und Chili zubereitet und die traditionell mit Kartoffeln serviert wird.

# Violetta-Veilchen-Cookies

**Für 4 Portionen**
**Zeitbedarf:**
**ca. 60 Min.**
**+ ca. 2 Std. kühlen**
**+ ca. 40 Min. backen**

**Zutaten:**
- 2 Trüffelkartoffeln (Violetta, je 100 g)
- 180 g Mehl
- 1 gestr. TL Backpulver
- 90 g Zucker
- 60 g weiche Butter
- 1 Ei (Größe M)

**Für den Guss:**
- 25 g Märzveilchen
- 250 ml Wasser
- 1 Prise Zitronensäure
- 30 g Puderzucker

- 2 EL kandierte Veilchenblüten zum Garnieren

1. Den Backofen auf 190 °C (Umluft 170 °C) vorheizen.

2. Kartoffeln unter fließendem kalten Wasser gründlich abbürsten und abtropfen lassen. Auf ein Backblech legen und ca. 30 Minuten im heißen Backofen backen. Anschließend abkühlen lassen und schälen.

3. Mehl mit Backpulver in einer Schüssel mischen, Zucker, Butter, Ei und Kartoffelfleisch hinzufügen und alles mit dem Handrührgerät zunächst auf niedrigster, dann auf höchster Stufe zu einem Mürbeteig verarbeiten. Den Teig zur Rolle formen, in Plastikfolie wickeln und ca. 2 Stunden in den Kühlschrank stellen.

4. In der Zwischenzeit den Backofen erneut auf 190 °C (Umluft 170 °C) vorheizen.

5. Den Teig auf einer leicht bemehlten Arbeitsplatte ausrollen und Veilchenblüten daraus ausschneiden. Auf ein Backblech legen und ca. 10 Minuten im heißen Backofen backen. Danach abkühlen lassen.

6. Für den Guss Märzveilchen im Wasser aufkochen und 1 Prise Zitronensäure hinzufügen. Durch ein Sieb abseihen und abkühlen lassen. 1 TL (5 ml) des Veilchensuds mit 30 g Puderzucker zu einem glatten Guss verrühren. (Restlichen Sud einfrieren oder mit 1½ Teilen Zucker zu einem Sirup einkochen.)

7. Die Cookies mit dem Guss bestreichen und in die Mitte einige Veilchenblüten auf den noch feuchten Guss setzen.

## Mein Tipp

Das März- oder Wohlriechende Veilchen wächst an Waldrändern und unter Büschen und ist neben seiner lila Blüte vor allem daran zu erkennen, dass es im Gegensatz zu anderen Veilchen sehr intensiv duftet.

# Süßkartoffel

——— **Ipomoea batatas**

## HERKUNFT

Die auch unter dem Namen „Batate“ bekannte Süßkartoffel stammt aus dem nördlichen Südamerika und wurde schon vor rund 10 000 Jahren in Mittelamerika, der Karibik und dem nördlichen Südamerika kultiviert. Spanische und portugiesische Reisende sowie afrikanische Sklaven verbreiteten diese Nutzpflanze weltweit. Heute bekommt man die verschiedensten Süßkartoffelsorten aus Südostasien, Israel, Afrika und China überall im Handel.

## GESCHICHTE

In allen lateinamerikanischen Hochkulturen war die Süßkartoffel eine bedeutende Kulturpflanze. Heutzutage ist sie in Teilen von Amerika, Afrika und Asien ein wichtiges Grundnahrungsmittel, in den Südstaaten der USA sogar ein fester Bestandteil der traditionellen Küche. In Europa zählt sie – neben der Kartoffel – zu den beliebtesten stärkehaltigen Knollenbeilagen.

## VORTEILE FÜR DIE ERNÄHRUNG

Süßkartoffelknollen enthalten hochwertige Proteine und sind reich an Betakarotin. Sie gelten als eines der gesündesten Gemüse mit dem höchsten Nähr- und Vitalstoffgehalt. Ihre Färbung verdanken die Knollen zudem bestimmten sekundären Pflanzenstoffen, die als hochwirksame Antioxidantien freie Radikale entdecken und stark antientzündlich wirken. Die Vielfalt ihrer Sorten inspiriert dazu, auch einmal neue, fremde Rezepte zu probieren und so den eigenen Speiseplan abwechslungsreicher und vielseitiger zu gestalten. Im Gegensatz zur Kartoffel können Süßkartoffeln roh verzehrt werden. Allerdings sollte man sie schälen (obwohl ihre Schale essbar ist), da sie zum Schutz vor Nässe oft gewachst werden. Auch die Blätter der Süßkartoffel sind essbar und werden in Afrika wie Spinat zubereitet.

## VORTEILE FÜR DIE LANDWIRTSCHAFT

Der zunehmende Konsum von Süßkartoffeln vermindert den Bedarf an herkömmlichen Kartoffeln. Das dämmt bei uns einerseits die Monokultur von Kartoffeln ein, ermuntert andererseits aber auch immer mehr Menschen dazu, weitere Nischenprodukte wie etwa die hier vorgestellten Knollen zu probieren und neue Kulturpflanzen zu erschließen. Darüber hinaus ist der expandierende Handel mit Süßkartoffeln für viele tropische Länder ein wichtiger neuer Markt, der die dortigen Lebensbedingungen zu verbessern hilft.

## ANBAU

Schneidet man beim Schälen von Süßkartoffeln die Enden etwas dicker ab, stellt sie an einen warmen sonnigen Ort in ein Glas und füllt so viel Wasser hinein, dass die Spitze immer herausragt, dann treibt das Knollenende aus und bildet sowohl einen Trieb als auch Wurzeln. Sobald sich die ersten Laubblätter bilden, kann man das Stück in Erde setzen. An sonnigen Standorten gedeiht eine schöne Pflanze, deren Laub und Knollen geerntet werden können. Hierzulande werden bereits verschiedene Süßkartoffelsorten etwa im Schwarzwald kultiviert.

**Beschreibung Pflanze und Knolle**

Das Prunkwindengewächs ist eine mehrjährige krautige Kletterpflanze mit langstieligen Laubblättern, die 5 bis 10 cm lang sein können und deren Blattspreite herz- bis eiförmig ist. Die kriechenden Stängel werden bis zu mehrere Meter lang und klettern mittels ihrer Adventivwurzeln an den Blattansätzen zum Licht hin. Süßkartoffeln gibt es in vielen Sorten. Im Handel finden sich, je nach Herkunft, braunschalige mit orangenem Fleisch, hellbraune und rotschalige mit weißem Fleisch, dunkelbraune mit lila Fleisch und gelbfleischige mit brauner Schale.

# Süßkartoffel-Rouladen

mit Tränengrassauce

**Für 4 Portionen**
**Zeitbedarf:**
**ca. 50 Min.**

**Zutaten:**

- 2 große orange Süßkartoffeln (je mindestens 500–700 g)
- Salz
- 3 Blätter Mangold
- 1 Zwiebel
- 2 Knoblauchzehen
- 20 g Ingwer
- 1 EL Butter
- 150 ml Milch
- 120 g alte Brezel
- grüner Pfeffer aus der Mühle
- 4 Löwenzahn- oder Kohlrabiblätter
- 2 Eier (Größe M)
- 8 Scheiben Frühstücksspeck (nach Belieben)
- 2 EL Pflanzenöl

**Für die Tränengrassauce:**

- 4 EL Tränengrassamen (Asiamarkt)
- Salz
- 1 mittelgroße rote Zwiebel
- 2 Knoblauchzehen
- 1 Stück Staudensellerie
- 2 Chilischoten
- 15 vollreife Hagebutten (ersatzweise 2 EL Hagebutten-Marmelade)
- 500 ml Gemüsebrühe
- 100 ml Kokosmilch

**1.** Süßkartoffeln unter fließendem kalten Wasser gründlich abbürsten und eventuell dünn schälen. Süßkartoffeln längs halbieren. Von den Süßkartoffeln am besten mit einer Aufschnittmaschine jeweils 1 große ca. 2 mm dicke Scheibe abschneiden. Die Süßkartoffelscheiben in etwas Salzwasser ca. 1 Minute blanchieren.

**2.** Mangoldblätter gründlich waschen, vom Strunk befreien und auf Größe der Süßkartoffelscheiben schneiden. Mangoldstrünke, Blattreste und Süßkartoffelreste klein schneiden und für die Sauce beiseitestellen.

**3.** Zwiebel und Knoblauch abziehen und fein würfeln. Ingwer schälen und fein hacken. Butter in einer Stielkasserolle erhitzen und Zwiebel, Knoblauch und Ingwer darin anschwitzen. Mit Milch aufgießen und zum Kochen bringen. Brezel klein schneiden, hinzufügen und gut umrühren. Mit Salz und Pfeffer abschmecken und zugedeckt ca. 10 Minuten quellen lassen.

**4.** Löwenzahn- oder Kohlrabiblätter abspülen, trocken tupfen und grob hacken. Mit den Eiern unter die Brezelmasse rühren und ca. 15 Minuten ziehen lassen.

**5.** In der Zwischenzeit für die Sauce die Tränengrassamen in etwas Salzwasser in ca. 15 Minuten weich kochen. Zwiebel und Knoblauch abziehen und fein würfeln. Staudensellerie putzen, waschen und klein schneiden. Chilischoten und Hagebutten waschen, entstielen, längs aufschneiden, entkernen und klein schneiden.

**6.** Die Brezelmasse gleichmäßig auf die Süßkartoffelscheiben streichen, die Scheiben fest aufrollen und mit Rouladenklammern fixieren oder nach Belieben mit jeweils 2 Scheiben Speck umwickeln.

**7.** Pflanzenöl in einem Topf erhitzen. Süßkartoffel-Rouladen von beiden Seiten darin anbraten. Vorbereitete Saucenzutaten (außer den Tränengrassamen) und beiseitegestellte Mangold- und Süßkartoffelreste hinzufügen und kurz anschwitzen. Mit Gemüsebrühe ablöschen und ca. 15 Minuten köcheln lassen. Die Rouladen aus der Sauce nehmen und warm stellen.

**8.** Die Sauce in einem Messbecher pürieren und wieder in den Topf gießen. Mit Kokosmilch aufgießen und noch einmal aufkochen lassen. Die Tränengrassamen dazugeben.

**9.** Die Süßkartoffel-Rouladen auf 4 Tellern anrichten und mit der Tränengrassauce überziehen.

Dazu passt Blattsalat.

### Mein Tipp

Hagebutten – die Früchte der Hundsrose, einer bei uns weitverbreiteten Zierpflanze, – kann man bei uns je nach Art von August bis Oktober ernten.

# Zweifarbiges Bataten-Gratin

**Für 4 Portionen**
**Zeitbedarf:**
**ca. 25 Min.**
**+ ca. 20 Min. backen**

**Zutaten:**
- je 400 g weiße und rote Süßkartoffeln
- 1 Knoblauchzehe
- 10 Pimentkörner
- 1 Schalotte
- 1 EL Butter
- 400 ml Sahne
- 2 EL gekörnte Gemüsebrühe
- Salz
- Cayennepfeffer
- grüner Pfeffer aus der Mühle
- 1 EL gehacktes Winterbohnenkraut oder Thymian

**1.** Süßkartoffeln schälen, waschen und in dünne Scheiben schneiden. Knoblauchzehe abziehen und dann eine flache Gratinform damit ausreiben. Die Süßkartoffelscheiben farbig variiert dachziegelartig in die Form schichten und festdrücken.

**2.** Den Backofen auf 190 °C (Umluft 170 °C) vorheizen.

**3.** Piment in einem Mörser zerstoßen. Schalotte abziehen und fein hacken. Butter in einem Topf zerlassen und die Schalotte darin anschwitzen. Mit Sahne aufgießen und mit gekörnter Brühe, Piment, Salz, Chayenne- und grünem Pfeffer würzig abschmecken. Das Ganze aufkochen lassen und über die Süßkartoffelscheiben gießen.

**4.** Das Bataten-Gratin im heißen Backofen ca. 20 Minuten backen. Aus dem Ofen nehmen und mit Winterbohnenkraut oder Thymian garniert servieren.

Dazu Tomatensalat reichen.

## Mein Tipp

Winterbohnenkraut ist mein Allroundgewürz, weil es ausdauernd und auch im Winter auf meinem Balkon wächst und ich es das ganze Jahr über ernten kann. Anders als sein Name vermuten lässt, werden damit nicht generell Bohnen gewürzt, sondern man baut es in erster Linie mit Bohnen an, um deren Schädlinge abzuwehren. Es gibt Fleischgerichten eine mediterrane Würze, fördert die Verdauung, lindert Magenbeschwerden und macht Speisen bekömmlicher.

# Bataten-Käsekuchen

**Für 4 Portionen**
**Zeitbedarf:**
**ca. 35 Min.**
**+ ca. 10 Min. kühlen**
**+ 35 – 45 Min. backen**

**Zutaten:**
**Für die Bataten-Käse-Masse:**
- je 130 g orange- und lilafarbene Süßkartoffeln
- 250 g Quark (40 % Fett)
- 200 g Frischkäse
- 120 g Zucker
- 1 Pck. Vanillepuddingpulver
- 2 Eier (Größe M)

**Für den Teig:**
- 75 g Mehl
- 75 g Maismehl
- 75 g weiche Butter
- 75 g Zucker

- 1 EL Butter für die Form
- 1 EL Paniermehl für die Form

1. Für die Bataten-Käse-Masse Süßkartoffeln schälen, waschen und klein schneiden. Süßkartoffeln jeweils separat mit Wasser bedeckt ca. 10 Minuten kochen und abkühlen lassen.

2. Je die Hälfte vom Quark, Frischkäse, Zucker und Vanillepudding sowie je eine Farbe der abgekühlten Süßkartoffeln und 1 Ei in eine Schüssel geben. Mit dem Schneebesen oder dem Handrührgerät zu einer homogenen Masse verrühren und in den Kühlschrank stellen.

3. Für den Teig alle Zutaten in eine Schüssel geben und mit dem Handrührgerät zunächst auf niedrigster, dann auf höchster Stufe zu einem Mürbeteig verarbeiten. Den Teig ebenfalls kurz kühl stellen.

4. Den Backofen auf 190 °C (Umluft 170 °C) vorheizen.

5. Den Boden einer Springform (ø ca. 20 cm) mit Backpapier belegen, die Wände buttern und mit Paniermehl bestreuen. Den Mürbeteig auf einer leicht bemehlten Arbeitsfläche zu einer runden Platte ausrollen. Die Teigplatte vorsichtig in die Springform legen, dabei einen ca. 2 cm hohen Rand andrücken.

6. Die beiden Bataten-Käse-Massen in farbig variierten Klecksen auf dem Boden verteilen und mit einer Gabel spiralförmig durch die Masse ziehen, damit ein schönes Muster entsteht. Den Bataten-Käsekuchen 35 bis 45 Minuten im heißen Backofen backen.

## Mein Tipp

Weil ein Drittel der Käsemasse durch Süßkartoffelfleisch ersetzt wird, ist diese köstliche Käsekuchenvariante besonders fettarm. Nach Belieben wahlweise 1 Eiweiß steif schlagen und jeweils zur Hälfte unter die beiden Käsemassen heben oder je 5 g Backpulver unterrühren. Ich mag meinen Käsekuchen sitzen geblieben, daher spare ich mir das.

**Beschreibung Pflanze und Knolle**

Der bis zu 4 m hohe mehrjährige Topinambur bildet aus jeder Knolle mehrere Stängel, die sich im oberen Drittel vielfach verzweigen. Seine eiförmigen, gestielten Blätter sind im unteren Pflanzenbereich gegen-, zur Spitze hin wechselständig und können bis zu 10 cm breit und 20 cm lang werden. Stängel und Blätter sind mit grauen Borsten bedeckt. In den Blattachseln bilden sich von längsgerippten gelben Zungenblüten umgebene Korbblüten mit braunen Scheibenblüten in der Mitte. Seine Knollen können je nach Sorte fingerdick bis birnengroß werden.

# Topinambur

**Helianthus tuberosus**

## HERKUNFT

In ihrer nordamerikanischen Heimat heißt die Verwandte der Sonnenblume „Jerusalem-Artischocke", obwohl sie weder ein Distelgewächs ist noch es irgendeine Verbindung nach Israel gibt. Vielmehr wurde ihre spanische Bezeichnung „girasol", die Sonnenblume bedeutet, im Laufe der Zeit so oft falsch ausgesprochen oder aufgeschrieben, dass mit den Jahren „Jerusalem" daraus wurde. Viel deutlicher ist der botanische Name der Pflanze: Knollige Sonnenblume.

Ihre geläufigste Bezeichnung hat die Knolle dem brasilianischen Indianerstamm „Topinamba" zu verdanken, der zufällig zu der Zeit in Paris zu Besuch war, als die Knolle dort im 17. Jahrhundert eingeführt wurde. Da das ursprüngliche Verbreitungsgebiet allerdings nur bis Mittelamerika reicht, haben die Namensgeber die Knolle wohl kaum gekannt.

## GESCHICHTE

In Deutschland ist Topinambur seit dem 18. Jahrhundert bekannt und war hier zeitweise auch eine wichtige Kulturpflanze. Da sie in der Nachkriegszeit in den kargen Wintermonaten oft das einzig verfügbare Lebensmittel war, galt sie als „Arme-Leute-Essen" und wurde lange Zeit verschmäht. Deshalb wurde sie in den letzten fünfzig Jahren hauptsächlich als Viehfutter und als Rohstoff für die Spirituosenindustrie genutzt. Durch den Ackeranbau und auch weil sie eine beliebte Gartenpflanze ist, konnte das Gewächse vielerorts verwildern und ist mittlerweile im ganzen Bundesgebiet eingebürgert.

## VORTEILE FÜR DIE ERNÄHRUNG

Weil Topinambur ein günstiges Lebensmittel für Diabetiker ist, rückte die alte Kulturpflanze wieder ins moderne Bewusstsein. Denn ihre Speichersubstanz Inulin hat – im Gegensatz zur Stärke anderer Grundnahrungsmittel – keinen Einfluss auf den Blutzuckerspiegel. Auch die Vollwertbewegung in den achtziger Jahren machte sie als Alternative zur Kartoffel beliebt, sodass man sie heute wieder auf allen Wochen- und in gut sortierten Supermärkten findet.

Dass ihre schwer verdaulichen Speicherstoffe zu erheblichen, schmerzhaften Blähungen führen können, mag dazu beigetragen haben, dass die Knolle sich bisher nicht als Grundnahrungsmittel etabliert hat. Nun gibt es allerdings zwei Möglichkeiten, diese blähende Wirkung aufzuheben. Erstens gewöhnt sich unsere Darmflora schnell an diese neue Zuckerart und bildet entsprechende Bakterienstämme, um das Inulin zu fermentieren. So geht bei regelmäßigem Konsum dem Magenwind bald die Luft aus. Zweitens kann man die Knolle auch trocknen lassen. Dadurch kristallisiert das Inulin und wird später größtenteils ausgeschieden, was auch Kalorien spart.

## VORTEILE FÜR DIE LANDWIRTSCHAFT

Anbau und Vermarktung von Topinambur sind für die Landwirtschaft ein lohnendes Nischenprodukt. Es sind höhere Erträge als beispielsweise bei der Kartoffel möglich, da ihre Kultur zum einen recht unproblematisch ist und die Knollen zum anderen so robust sind, dass sie erst bei Bedarf geerntet werden können. Außerdem beträgt der Preis pro Kilogramm etwa das Doppelte des Kartoffelpreises.

## WILDERNTE UND ANBAU

Um wilden Topinambur zu ernten, sollte man an Flussauen und Waldrändern danach Ausschau halten. Hier konnten sich wilde Bestände fest etablieren.
Aber auch der Anbau von Topinambur ist relativ unproblematisch. Die Knollen werden wie Kartoffeln an sonnigen Standorten

in lockeren, sandigen Böden in einer Tiefe von 10 cm mit einem Abstand von 40 cm gesetzt. Nur die Jungpflanzen müssen bejähtet werden. Mit zunehmender Größe überwuchert das Gewächs dann jedes Unkraut, sodass keinerlei Ertragsminderungen zu erwarten sind. Auch Schädlingsbefall und Krankheiten beeinträchtigen kaum die Kultur. Einzig Staunässe und übermäßiger Stickstoff im Boden führen häufig zur Fäule der Knollen

# Topinambur-Müsliflocken

**Für 100 g Flocken**
**Zeitbedarf:**
**ca. 30 Min.**
**+ ca. 90 Min. trocknen**

**Zutaten:**
- 3-4 Topinambur-Knollen

**1.** Den Backofen auf 60 °C vorheizen. Umluft ist nicht empfehlenswert.

**2.** Topinambur unter fließendem kalten Wasser gründlich mit Stahlwolle abbürsten und eventuell dünn schälen. Knollen auf der Universalreibe grob raspeln. Ein Backblech mit Backpapier belegen. Die Topinambur-Raspel auf dem Backblech verteilen und ca. 90 Minuten im heißen Backofen schonend trocknen lassen.

**3.** Zusammenklebende Flocken nach dem Trocknen in das Backpapier einschlagen und kneten, bis sich die einzelnen Flocken voneinander lösen.

**4.** Topinambur-Müsliflocken im Schraubglas aufbewahren und innerhalb von 4 Wochen verbrauchen.

# Topinambur-Müsli

**mit Kräutermilch**

**Für 4 Portionen**
**Zeitbedarf:**
**ca. 10 Min.**

**Zutaten:**
- 8 EL Amarant
- je 20 Blätter Pfefferminze und Basilikum
- 600 ml Milch
- 8 EL Topinambur-Müsliflocken
- 8 EL Dinkelflocken
- 4 EL Gojibeeren (Asiamarkt)
- 4 TL Sonnenblumenkerne
- 4 TL Erdmandelflocken (Reformhaus)

**1.** Amarant in einer Pfanne bei mittlerer Hitze trocken rösten, bis sie poppen.

**2.** Pfefferminz- und Basilikumblätter abspülen, trocken tupfen und mit der Milch in einem hohen Gefäß pürieren.

**3.** Amarant, Topinambur- und Dinkelflocken und restliche Zutaten auf 4 Müslischalen verteilen, mit der Kräutermilch begießen und einige Minuten quellen lassen.

## Mein Tipp

Wenn die Knollenflocken in der Milch quellen, wird diese wunderbar süß. Dank der Kombination von Wurzeln, Früchten, Samen und Kräutern ist das Müsli eine leckere ausgewogene Mahlzeit und ein Blickfang zugleich.

# Mohn-Topinambur-Fritters

—— mit Wildkräutersauce

**Für 4 Portionen**
**Zeitbedarf:**
**ca. 60 Min.**
**+ ca. 10 Min. marinieren**
**+ ca. 60 Min. trocknen**

**Zutaten:**
- 500 g Topinambur
- 200 ml würziger Essig (z. B. Springkrautblütenessig, siehe Seite 153)
- 150 g Maismehl
- 250 ml Milch
- 3 Eier (Größe M)
- Salz, Pfeffer aus der Mühle
- 150 g Paniermehl
- 100 g Mohnsamen
- 500 ml Pflanzenöl zum Frittieren

**Für die Wildkräutersauce:**
- 1 Zwiebel
- 2 Knoblauchzehen
- 1 EL Butter
- 100 ml Sahne
- 100 ml Gemüsebrühe
- 50 g Wildkräuter (z. B. Lauchhedderich, Brennnessel oder Löwenzahn)
- Salz, Pfeffer aus der Mühle

1. Topinambur unter fließendem kalten Wasser gründlich mit Stahlwolle abbürsten und eventuell dünn schälen. Die Knollen längs in 5 mm dünne Scheiben schneiden. Topinambur ca. 10 Minuten im Essig marinieren. Anschließend die Scheiben auf Küchentüchern ausbreiten und ca. 60 Minuten trocknen lassen.

2. Für die Sauce in der Zwischenzeit Zwiebel und Knoblauch abziehen und fein würfeln. Butter in einem Topf zerlassen, Zwiebel und Knoblauch darin anschwitzen. Mit Sahne und Gemüsebrühe aufgießen und ca. 10 Minuten köcheln lassen.

3. Wildkräuter abspülen, trocken tupfen, die Blätter eventuell von den Stielen zupfen und fein hacken. Etwas zum Garnieren beiseitelegen. Restliche Wildkräuter zur Sauce geben, mit einem Pürierstab pürieren und mit Salz und Pfeffer abschmecken.

4. Maismehl mit Milch und Eiern in eine Schüssel geben, zu einem Backteig verrühren und mit Salz und Pfeffer abschmecken. Für die Panade Paniermehl und Mohnsamen in einem tiefen Teller mischen. Die getrockneten Topinambur-Scheiben zuerst in den Backteig tauchen, danach in der Panade wälzen und die Panade festdrücken.

5. Pflanzenöl in einer Fritteuse oder in einem hohen Topf auf ca. 175 °C erhitzen. Mohn-Topinambur-Fritters darin 3 bis 4 Minuten goldbraun frittieren. Mit einem Schaumlöffel herausnehmen und anschließend auf Küchenpapier abtropfen lassen.

6. Topinambur-Fritters auf 4 Tellern anrichten, die Wildkräutersauce in 4 Schälchen verteilen und mit den beiseitegelegten Kräutern bestreut dazu servieren.

# Apfel-Topinambur-Salat

**Für 4 Portionen**
**Zeitbedarf:**
**ca. 45 Min.**

**Zutaten:**
– 2 mittelgroße rote Zwiebeln
– 1 EL Pflanzenöl
– 100 ml Blütenessig (siehe Seite 153)
– 2 EL Brennnessel-Marmelade (siehe Seite 153)
– 2 EL Mandelöl
– Salz, grüner Pfeffer aus der Mühle
– 1 EL Rosinen
– 2 Äpfel
– 5 Topinambur-Knollen
– ½ Kopf Eisbergsalat
– 20 g junge Löwenzahnblätter
– 1 EL geröstete Erdnüsse (Dose)
– 2 EL Gänseblümchenblüten

**1.** Für das Dressing 1 Zwiebel abziehen und fein würfeln. Pflanzenöl in einer Pfanne erhitzen und die Zwiebelwürfel darin bei mittlerer Hitze anschwitzen. Mit Blütenessig ablöschen, Brennnessel-Marmelade einrühren und alles einmal aufkochen lassen. In ein hohes Gefäß (z. B. Messbecher) geben und mit dem Pürierstab pürieren. Dabei langsam das Mandelöl einträufeln lassen, sodass eine Emulsion entsteht.

**2.** Das Dressing mit Salz und grünem Pfeffer würzen. Rosinen im warmen Dressing einweichen und das Dressing abkühlen lassen.

**3.** Inzwischen die Äpfel waschen, vierteln, entkernen und in 1 cm große Würfel schneiden. Sofort zum abgekühlten Dressing geben.

**4.** Topinambur unter fließendem kalten Wasser gründlich mit Stahlwolle abbürsten und eventuell schadhafte Stellen und Macken dünn abschälen. Topinambur in 4 mm dünne Scheiben schneiden. Restliche Zwiebel abziehen, halbieren und in feine Streifen schneiden. Beides unter das Dressing heben.

**5.** Kurz vor dem Servieren den Eisbergsalat putzen und die äußeren, welken Blätter entfernen. Salat und Löwenzahnblätter waschen und gut abtropfen lassen. Salat in feine Streifen schneiden, Löwenzahnblätter grob hacken.

**6.** Eisbergsalat, Löwenzahnblätter und Erdnüsse mit der Apfel-Topinambur-Rosinen-Mischung vermengen. Den Salat in 4 Schalen anrichten und mit Gänseblümchen garniert servieren.

## Mein Tipp

Brennnessel-Marmelade (Nettle Jam) und Blütenessig lassen sich leicht selbst herstellen. Wer sich die Arbeit jedoch nicht machen möchte, kann beides in meinem Online-Shop bestellen (siehe Seite 154).

# Erdmandel

—— **Cyperus esculentus**

**Beschreibung Pflanze und Knolle**

Die Erdmandel hat dreikantige 60 bis 100 cm hohe Stängel mit v-förmigen, 5 bis 10 mm breiten, hellgrünen Blättern. Ihr Blütenstand, von Juli bis September mit zahlreichen Hochblättern, besteht aus bis zu 10 cm langen Ähren mit gelb-braunen Spelzen. Die Pflanze bildet lange unterirdische Rhizome, an denen bis zu 25 mm dicke Knollen wachsen.

## HERKUNFT

Das essbare Zyperngras stammt ursprünglich aus dem Mittelmeergebiet und dem mittleren Osten. Nachdem es sich ungeplant verbreitet hat, ist die Erdmandel heute fast global vom Äquator bis in die gemäßigten Breiten zu finden und gilt als hochgradig invasiver Neophyt, also als gebietsfremder Eindringling. Die Art kommt in zahlreichen Variationen vor, die sich bis nach Alaska ausgebreitet haben und weltweit zu den schlimmsten Ackerunkräutern zählen. Die Nutzpflanze *var. sativus* dagegen ist nicht frosthart und gedeiht nur in tropisch-subtropischen Breiten so gut, dass ihre Knollenbildung einträglich ist.

## GESCHICHTE

Schon im alten Ägypten, also vor rund 4000 Jahren, wurden die mandelartigen Knöllchen, die auch „Tigernüsse" oder „Chufa" genannt werden, als Lebensmittel geschätzt und kultiviert. Die Mauren brachten sie im Mittelalter nach Spanien und von dort hielten sie in Westafrika, Ostindien, Brasilien und Nordamerika als Nutzpflanze Einzug. Vor allem in Spanien ist Erdmandelmilch eine weithin gebräuchliche Zutat, die durch die vegane Bewegung einen regelrechten Boom erlebt.

## VORTEILE FÜR DIE ERNÄHRUNG

Die kastanienbraunen Sprossknollen sind, neben der Wasserkastanie, das einzige Grasgewächs mit essbaren Wurzeln und ergänzen damit bestens unseren Speiseplan. Sie enthalten viele Mineralstoffe, hochwertige Öle und dreimal so viele Ballaststoffe wie Vollkornbrot. Das macht sie zu echten Langzeit-Sattmachern, die sich auch wunderbar für Diäten eignen. Erdmandeln haben einen nuss- oder mandelähnlichen Geschmack und können roh geknabbert oder als Gemüse gegart werden. Bei uns sind sie allerdings hauptsächlich zu Mehl gemahlen als Backzutat bei Weizen- und Nussunverträglichkeit und als Flocken fürs Müsli im Handel. Auch geröstet als Snack schmecken die Knollen lecker. In ihrer Heimat werden Erdmandeln hauptsächlich zu einem milchartigen Getränk (Horchata de Chufa) verarbeitet oder als Aromat für Süßspeisen geröstet.

## VORTEILE FÜR DIE LANDWIRTSCHAFT

Viele Schwellenländer erleben von der durch den Vegan-Boom ausgelösten steigenden Nachfrage nach Erdmandeln einen wirtschaftlichen Aufschwung. Außerdem entstehen verschiedene Fair-Trade-Projekte,

um die Pflanze nachhaltig als Bioprodukt zu kultivieren. Im Gegensatz zu vielen der hier vorgestellten Knollen, deren internationale Bezugsquellen noch unerschlossen sind, gibt es bei Erdmandeln einen gut strukturierten Handel mit zahlreichen deutschen Lieferanten. Der Anbau in Deutschland ist eher gärtnerische Liebhaberei als von kommerzieller Bedeutung.

## WILDERNTE UND ANBAU

Erdmandeln lassen sich problemlos im eigenen Garten anbauen. Hier sind ein leichter sandiger Boden, ein feucht-warmes Klima und ein sonnig-exponierter Standort ideal. Da die Pflanze frostempfindlich ist, wird sie bei uns erst nach den Eisheiligen ab Mitte Mai ausgepflanzt, sobald die Bodentemperatur 8 bis 10 °C erreicht hat. In südlicheren Regionen wird sie schon wesentlich zeitiger im Frühjahr angebaut. Während der Knollenbildung von August bis September muss die Pflanze stets ausreichend mit Wasser versorgt sein, braucht allerdings keine intensive Düngung.

Eine Pflanze bringt bis zu 500 neue Knollen hervor, die in der Regel 40 bis 50 cm von der Mutterpflanze entfernt wachsen und einige Hundert Blütenstände ausbilden können. Die Ernte in unseren Breitengraden ist etwas mühsam und die Erträge liegen weit hinter denen des kommerziellen Anbaus südlicher Länder. Die verwilderten Arten in Mitteleuropa bilden deutlich weniger Knollen von geringerer Größe. Ob deren Wildernte möglich ist, bleibt noch zu erforschen. Bei der Bekämpfung dieses Unkrauts mit Messer und Gabel geht es eher darum, die Landwirtschaft im Umgang mit solchen Neophyten nachhaltig zu unterstützen, als wirtschaftlich zu ernten.

# Erdmandel-Puffer

mit Jalapeño-Marmelade

**Für 4 Portionen**
**Zeitbedarf:**
**ca. 40 Min.**
**+ ca. 24 Std. quellen lassen**

**Zutaten:**

- 150 g getrocknete und geschälte Erdmandeln
- 75 g Süßkartoffel
- 75 g Pastinake
- 1 Zwiebel
- 2–3 Stängel Blattpetersilie
- 1 Ei (Größe M)
- 1 EL Mehl
- Salz, grüner Pfeffer aus der Mühle
- 3 EL Pflanzenöl

**Für die Jalapeño-Marmelade:**

- 4 rote Chilischoten (Jalapeños)
- 4 orangefarbene Snack-Paprikaschoten
- 4 gelbe Cherry-Tomaten
- 100 ml Ananassaft
- 80 g Gelierzucker 3:1

1. Am Vortag die getrockneten Erdmandeln in reichlich Wasser geben und ca. 24 Stunden im Kühlschrank quellen lassen.

2. Süßkartoffel und Pastinake schälen, waschen und auf der Universalreibe fein reiben. Zwiebel abziehen und hacken. Petersilie abspülen und trocken tupfen. Blättchen von 1 bis 2 Stängeln zupfen und klein hacken. Restliche Petersilie zum Garnieren beiseitelegen.

3. Die gequollenen Erdmandeln in der Küchenmaschine grob pürieren. Mit Süßkartoffel- und Pastinakenraspeln, Ei, Zwiebel, Petersilie und Mehl in eine Schüssel geben und gut vermengen. Mit Salz und grünem Pfeffer abschmecken und kühl stellen.

4. In der Zwischenzeit für die Marmelade Chilischoten waschen, entstielen, längs aufschneiden, entkernen und in feine Streifen schneiden. Paprikaschoten halbieren, entstielen, entkernen und die weißen Scheidewände entfernen. Schoten waschen und ebenfalls in feine Streifen schneiden. Tomaten waschen, halbieren und die Stängelansätze herausschneiden.

5. Tomatenhälften mit einer Gabel etwas zerdrücken. Mit Chili-, Paprikastreifen, Ananassaft und Gelierzucker in einem kleinen Topf aufkochen und ca. 4 Minuten bei geringer Hitze köcheln lassen. Marmelade in eine kleine Schüssel umfüllen und kühl stellen.

6. Aus der Erdmandelmasse im Handteller kleine, flache Puffer formen. Das Pflanzenöl in einer Pfanne erhitzen und die Erdmandel-Puffer darin von beiden Seiten knusprig braun braten. Mit der Marmelade auf Tellern anrichten und mit der beiseitegelegten Petersilie garniert servieren.

Dazu passt Bohnensalat.

# Erdmandel-Hefe-Rolle

—— **mit Brennnessel-Füllung**

**Für 4 Portionen**
**Zeitbedarf:**
**ca. 30 Min.**
**+ 1 – 2 Std. gehen lassen**
**+ 40 – 45 Min. backen**

**Zutaten:**
**Für den Hefeteig:**

- 200 g Erdmandelflocken (fein, Reformhaus)
- 200 g Dinkelmehl
- 20 g Trockenhefe
- 1 TL Salz
- 1 TL Zucker
- 180–200 ml lauwarmes Wasser
- 2 EL Olivenöl

**Für die Brennnessel-Creme:**

- 30 g Brennnesselblätter
- 200 g Kräuter-Frischkäse
- 1 Ei (Größe M)
- Salz, Cayennepfeffer
- grüner Pfeffer aus der Mühle
- 100 g fein geriebener Käse

- 1 Eigelb zum Bestreichen

1. Für den Teig Erdmandelflocken mit Dinkelmehl, Hefe und Salz in eine Rührschüssel geben. Zucker im lauwarmen Wasser auflösen und mit einem Kochlöffel unter das Mehl rühren. Olivenöl hinzufügen und die Zutaten mit dem Handrührgerät ca. 5 Minuten zu einem glatten Teig verkneten. Den Hefeteig zugedeckt so lange an einem warmen Ort gehen lassen, bis sich sein Volumen verdoppelt hat (1 – 2 Stunden).

2. Für die Brennnessel-Creme Brennnesselblätter mit Handschuhen abspülen, trocken tupfen und grob hacken. Frischkäse mit dem Ei in einer Schüssel verrühren und mit den Gewürzen abschmecken.

3. Den Backofen auf 190 °C (Umluft 170 °C) vorheizen.

4. Den Teig auf einer leicht bemehlten Arbeitsfläche auf Backblechgröße ausrollen, den Frischkäse darauf verstreichen und die gehackten Brennnesseln und den Käse gleichmäßig darauf verteilen.

5. Ein Backblech mit Backpapier belegen. Den Teig vorsichtig von der langen Seite aus aufrollen und mit der Naht nach unten auf das Backblech legen. Die Teigrolle mit dem Eigelb bestreichen und 40 bis 45 Minuten im heißen Backofen knusprig braun backen.

6. Die Erdmandel-Hefe-Rolle abkühlen lassen, in fingerdicke Scheiben schneiden und mit Salat servieren.

## Mein Tipp

Ich nutze die Zeit, die der Teig zum Gehen braucht, und pflücke in meinem Garten mit einem Handschuh Brennnesseln. Dabei nehme ich nur die obersten Triebe von jungen Pflanzen, die nicht höher als 50 cm sind. Die schmecken am besten. Wer keinen Garten hat, findet in der nahen Natur sicher schnell geeignete Pflanzen.

# Horchata

**Für 500 ml Erdmandelmilch**
**Zeitbedarf:**
**ca. 15 Min.**
**+ ca. 36 Std. kühlen**

**Zutaten:**
- 250 g getrocknete Erdmandeln
- 1 l sehr kaltes, fast gefrorenes Wasser
- Saft von 1 Zitrone (nach Belieben)
- 1 Zimtstange (nach Belieben)
- 125 g Zucker

**1.** Erdmandeln abspülen und mit dem eiskalten Wasser bedeckt 36 Stunden in den Kühlschrank stellen. Nach Belieben Zitronensaft oder Zimtstange mit ins Wasser geben.

**2.** Eventuell Zimtstange aus dem Wasser nehmen und Erdmandeln mit einem Pürierstab pürieren. Die Mischung durch ein Tuch passieren und damit auspressen. Zucker zur Erdmandelmilch hinzufügen und nochmals mit dem Pürierstab durchmixen. Die spanische Spezialität in Gläser verteilen und eisgekühlt genießen.

# Horchata-Crème-brûlée

**Für 4 Portionen**
**Zeitbedarf:**
**ca. 30 Min.**
**+ ca. 60 Min. stocken lassen**

**Zutaten:**
- 500 ml Erdmandelmilch
- 6 Eigelb (Größe M)
- 50 g Zucker
- 4 EL Zucker zum Karamellisieren

**1.** Den Backofen auf 150 °C vorheizen. Umluft ist nicht empfehlenswert. Erdmandelmilch mit Eigelben in eine Schüssel geben und mit dem Handrührgerät gut verrühren. Zucker hinzufügen, nochmals gut verrühren und in 4 feuerfeste Förmchen verteilen.

**2.** Eine Fettpfanne in den heißen Backofen schieben und kochendes Wasser hineingießen. Die Förmchen in die Fettpfanne stellen und ca. 60 Minuten im heißen Backofen stocken lassen. Die Creme abkühlen lassen.

**3.** Horchata-Crème-brûlée jeweils mit etwas Zucker bestreuen, mit dem Flammbierbrenner karamellisieren und sofort servieren.

## Mein Tipp

Wer sich die Mühe sparen möchte, Erdmandelmilch selbst herzustellen, kann sie auch aus Konzentrat anrühren, das im Handel erhältlich ist (siehe Seite 154).

# Dahlienknolle

——— **Dahlia coccinea/pinnata**

**Beschreibung Pflanze und Knolle**

Dahlien sind ausdauernde, krautige Pflanzen, die je nach Art eine Wuchshöhe von 40 bis 180 cm erreichen. An den unverzweigten kahlen Stängeln stehen die gegenständigen oder in dreizähligen Wirteln angeordneten, dunkelgrünen Laubblätter mit endständigen, sehr vielfältig gefärbten und formreichen Korbblüten. Die leicht schrumpeligen, hell- bis dunkelbraunen Knollen der Dahlien sind länglich eiförmig mit weißem, saftig-knackigem Fleisch.

## HERKUNFT

Die Gattung der Dahlien ist ursprünglich auf den Hochebenen zwischen Mexiko und Kolumbien heimisch.

## GESCHICHTE

Die ersten Aufzeichnungen über Dahlien gehen auf den spanischen Arzt Francisco Hernandez zurück, der die Pflanzen Ende des 16. Jahrhunderts beschrieb. 1791 wurden die ersten Dahliensamen als potenzielles Lebensmittel aus Mexiko-Stadt nach Madrid gebracht, konnten sich allerdings als solches nicht etablieren. Stattdessen begann ihre europäische Verbreitung als Zierpflanze. Benannt nach dem schwedischen Botaniker Andreas Dahl, wurden seitdem aus den oben aufgeführten Arten 30 000 Sorten und über 2000 Hybriden gezüchtet. Hierzulande werden Dahlien ausschließlich als Zierpflanzen genutzt, obwohl Gärtner ihre Knollenfülle kennen. Bei den nordmexikanischen Hochland-Pima-Indianern hingegen sind Dahlienknollen eine wichtige Eiweißquelle und werden in Mexiko bis heute als Lebensmittel genutzt.

## VORTEILE FÜR DIE ERNÄHRUNG

So vielfältig wie das Farbenspiel der Dahlienblüten sind auch der Geschmack und die Konsistenz der Dahliensorten. Die Korbblütler bilden statt Stärke Inulin und eignen sich daher für Diabetiker. Die Jiangnan University in China untersuchte den Nährwert verschiedener Dahliensorten und stellte fest, dass gelbblütige Dahlien den höchsten Kohlenhydratgehalt haben, rot und weiß blühende dagegen mehr Proteine und Fasern enthalten. Auch der Gehalt von Vitaminen und Mineralstoffen variiert mit den Farben der Blüten. Unter der Schale finden sich antibiotisch wirksame Phytochemikalien. Sogar die Blüten und jungen Blätter von Dahlien sind essbar.

## VORTEILE FÜR DIE LANDWIRTSCHAFT

Wenn es gelänge, Dahlienknollen als Lebensmittel zu fördern, könnte das unsere Esskultur maßgeblich beeinflussen und der biologischen Vielfalt der Landwirtschaft (Agrobiodiversität) nützen.

## ANBAU

Um mit Dahlien auch Bienen eine Weide zu bieten, baue ich Arten mit ungefüllten Blüten an und suche im Gartencenter die Sorte mit den schönsten Knollen aus. Für eine frühe Blüte zieht man die Knollen ab März am besten auf der Fensterbank vor. Dazu weicht man die Knollen für einige Stunden ein und pflanzt sie handbreit tief in Blumenerde mit einem Anteil Sand. Dahlien vertragen keine Staunässe. Ab Mai kann man sie dann ins Beet setzen. Sollte der Boden zu lehmig sein, lockert man ihn mit Sand und Kompost auf und düngt ihn mit Hornspänen. Je nach Größe der Art pflanzt man sie mit einem Abstand von 40 bis 100 cm samt einem Stützpfahl an einem windgeschützten Ort ein, der möglichst nicht von Bäumen beschattet wird. Wichtig ist das regelmäßige mäßige Gießen und Abschneiden verblühter Stängel. Die Ernte der Knollen erfolgt im Spätherbst, wenn die oberirdischen Teile absterben.

# Wildkräutersalat

## mit marinierten Dahlienknollen und Beeren-Dressing

**Für 4 Portionen**
**Zeitbedarf:**
**ca. 30 Min.**

**Zutaten:**
- 1 rote Zwiebel
- 100 ml Pflanzenöl
- 75 ml Beerenessig (siehe Seite 153)
- 1 EL Honig
- Salz, grüner Pfeffer aus der Mühle
- 150 g Dahlienknollen
- ½ Kopf Eisbergsalat
- 50 g Feldsalat
- 50 g Rucola
- je 30 g Löwenzahnblätter und Knoblauchsrauke
- je 1 Stängel Minze und Thai-Basilikum
- 1 Möhre
- 1 Tasse Gänseblümchen
- 1 EL geröstete und gesalzene Cashewnüsse (Dose)

**Für die Croûtons:**
- 2 Scheiben Toastbrot
- 1 EL Butter
- Salz, Knoblauchgranulat

**1.** Zwiebel abziehen, halbieren, die äußeren drei Schichten abtrennen und beiseitelegen. Den Rest der roten Zwiebel grob hacken. 1 EL Pflanzenöl in einem kleinen Topf erhitzen und die gehackte Zwiebel darin anschwitzen. Beerenessig hinzufügen und kurz aufkochen lassen. Vom Herd nehmen und mit dem Pürierstab pürieren, dabei restliches Öl und Honig einträufeln lassen. Das Dressing mit Salz und Pfeffer abschmecken.

**2.** Dahlienknollen schälen, waschen, längs halbieren und in 3 mm dicke Scheiben schneiden. Mit etwas Dressing in einer Schüssel ca. 10 Minuten marinieren.

**3.** Inzwischen Eisbergsalat putzen und den Strunk entfernen. Feldsalat verlesen und die Wurzelansätze abschneiden. Rucola putzen und die dicken Stiele abschneiden. Salat waschen und trocken tupfen. Löwenzahnblätter, Knoblauchsrauke, Minze und Thai-Basilikum abspülen und trocken tupfen. Minze- und Basilikumblättchen von den Stängeln zupfen.

**4.** Möhre schälen, waschen und auf einer Universalreibe grob reiben. Eisbergsalat in feine Streifen schneiden, Rucola und Kräuter in mundgerechte Stücke zupfen. Salat mit Kräutern und Möhrenraspeln in eine Salatschüssel geben.

**5.** Die beiseitegelegten Zwiebelschichten in feine Streifen (Julienne) schneiden und mit der Hälfte der Gänseblümchen zum Salat geben. Restliche Gänseblümchen mit den Nüssen ins Dressing geben und mit dem Pürierstab pürieren.

**6.** Für die Croûtons Toastbrot in Würfel schneiden. Butter in einer Pfanne zerlassen und Toastbrotwürfel darin knusprig braun braten, dabei mit Salz und Knoblauchgranulat würzen.

**7.** Wildkräutersalat gründlich mit dem Dressing vermischen, mit den Dahlienscheiben auf 4 Tellern anrichten und mit den Croûtons bestreut servieren.

### Mein Tipp

Zur Erntezeit der Dahlienknollen findet man auf Wiesen noch reichlich Löwenzahn und am Waldrand frische zarte Blätter der Knoblauchsrauke, und natürlich blühen auch Gänseblümchen fast ganzjährig.

# Dahlien-Teff-Schupfnudeln

## mit Apfelwein-Chorizo-Ragout

**Für 4 Portionen**
**Zeitbedarf:**
**ca. 60 Min.**

**Zutaten:**

- 700 g Dahlienknollen
- 1 Apfel
- 1 große rote Zwiebel
- 300 g scharfe Chorizo-Wurst
- 1 EL Pflanzenöl
- 100 ml Apfelsaft
- 200 ml Apfelwein
- 1 gestr. TL Speisestärke
- 1 TL gekörnte Gemüsebrühe
- 1 EL Butter
- 250 g Teffmehl
- 2 Eier (Größe M)
- Salz, grüner Pfeffer aus der Mühle
- evtl. etwas Weizenmehl
- 2 EL Butterschmalz
- einige Blättchen Oregano

1. Den Backofen auf 180 °C (Umluft 160 °C) vorheizen.

2. Dahlienknollen waschen, trocken tupfen, auf ein Backblech legen und ca. 40 Minuten im heißen Backofen backen.

3. In der Zwischenzeit Apfel schälen vierteln, entkernen und in 5 mm dicke Scheiben schneiden. Zwiebel abziehen, halbieren und in grobe Streifen schneiden. Wurst erst in fingerdicke Scheiben schneiden, dann grob würfeln.

4. Öl in einer Pfanne erhitzen, die Wurstscheiben darin scharf anbraten, herausnehmen und auf einen Teller geben. Äpfel und Zwiebeln in die Pfanne geben, kurz anschwitzen und zur Wurst geben.

5. Bratensatz in der Pfanne mit Apfelsaft und -wein ablöschen und zur Hälfte einkochen lassen. Speisestärke mit etwas Wasser anrühren und hinzufügen. Die Sauce mit der gekörnten Brühe würzen und zuletzt die Butter unterrühren. Wurst, Zwiebeln und Apfelstücke wieder in die Pfanne geben, durchschwenken und zugedeckt warm stellen.

6. Dahlien schälen, durch eine Kartoffelpresse in eine Schüssel drücken und kurz kühl stellen. Teffmehl und Eier zu den Dahlien geben und mit dem Handrührgerät zu einem Teig verkneten. Mit Salz und grünem Pfeffer kräftig abschmecken. Sollte der Teig noch kleben, gegebenenfalls noch etwas Weizenmehl hinzufügen. Den Teig zu einer Rolle formen, in gleichmäßige Stücke schneiden und zu fingerdicken Schupfnudeln formen.

7. Butterschmalz in einer Pfanne zerlassen. Die Schupfnudeln portionsweise ca. 3 Minuten darin ausbacken und im restwarmen Backofen warm stellen, bis alle Schupfnudeln gebacken sind.

8. Oregano abspülen und trocken tupfen. Die Schupfnudeln mit dem Apfelwein-Chorizo-Ragout anrichten und mit den Oreganoblättchen garniert servieren.

### Mein Tipp

Teff, wie die Äthiopische Zwerghirse auch genannt wird, bekommt man seit einiger Zeit als Mehl und Ganzkorn im Internet. Das backfähige Mehl ist bei Glutenunverträglichkeit eine willkommene Alternative und mit seiner braunen Farbe und dem angenehmen Geschmack eine gesunde Bereicherung unseres Speiseplans.

# Dahlien-Zimt-Kuchen

**mit Maya-Glasur**

**Für 1 Kastenform**
**Zeitbedarf:**
**ca. 30 Min.**
**+ ca. 10 Min. kochen**
**+ ca. 50 Min. backen**

**Zutaten:**
- 150 g Dahlienknollen
- 500 ml Orangensaft
- 1 EL Zimt
- 200 g weiche Butter
- 200 g Zucker
- 4 Eier (Größe M)
- 150 g Mehl
- 1 TL Butter für die Form
- 2 EL Paniermehl für die Form
- 1 TL Kakaopulver
- 250 g Puderzucker

1. Den Backofen auf 180 °C (Umluft 160 °C) vorheizen.

2. Dahlienknollen schälen, waschen und vierteln. Mit Orangensaft in einen Topf geben, ca. 10 Minuten kochen und gut abtropfen lassen. Den Restsud beiseitestellen.

3. Die Knollen durch eine Kartoffelpresse in eine Rührschüssel drücken. Zimt, Butter, Zucker, Eier und Mehl hinzufügen und mit dem Handrührgerät gründlich zu einem glatten Teig verrühren.

4. Eine Kastenform mit Butter fetten und mit Paniermehl bestreuen. Den Teig in die Kastenform füllen, glatt streichen und ca. 50 Minuten im heißen Ofen backen. Dahlien-Zimt-Kuchen abkühlen lassen.

5. 3 bis 4 EL vom Restsud mit Kakao und Puderzucker zu einem Guss verrühren und den abgekühlten Kuchen damit überziehen.

## Mein Tipp

Geröstete und gemahlene Dahlienknollen entwickeln ein kakaoartiges Aroma und werden deshalb in Mexiko als „Dacopa“ in der Dessertküche verwendet. Man kann den Zimtkuchen auch zu einem Dacopa-Marmorkuchen abwandeln, indem man die Hälfte der Kuchenmasse mit selbst hergestelltem Dacopa würzt und färbt.

# Exotische Knollen

Diese Spezialitäten finden Sie in speziellen Lebensmittel- oder in Asiamärkten.

**Beschreibung Pflanze und Knolle**

Die immergrüne, ausdauernde und krautige Taropflanze bildet 2 bis 5 lang gestielte einfache herzförmige Laubblätter, die dunkelgrün und unbehaart bis zu 40 cm lang und 30 cm breit werden können. Die Spreite ist bis zu 4 cm tief eingeschnitten und das Blattende zugespitzt. Die Knollen im Handel können mehrere Kilo schwer sein, aber in der Regel sind sie so groß wie Eier. Ihr Fleisch ist weiß, kann aber auch rot überlaufen sein oder schwarze Punkte und Streifen haben.

# Taroknolle

**Colocasia esculenta**

## HERKUNFT

Ursprünglich vom malaiischen Archipel bis nach Indien beheimatet, hat sich die Taroknolle inzwischen weltweit in den Tropen verbreitet. Die mancherorts auch als „Eddo" oder „Cocoyam" bekannte Pflanze wird heute hauptsächlich in Afrika, aber auch in Asien, in der Karibik und auf Hawaii angebaut und gilt in den Südstaaten der USA als schädliche Fremdpflanze, die aus Zierkulturen verwilderte.

## GESCHICHTE

Die Taropflanze wird in ihrem Ursprungsverbreitungsgebiet seit mehr als 10 000 Jahren kultiviert und gilt als das vierzehnt wichtigste Gemüse weltweit. Überall in den Tropen nimmt das Aronstabgewächs den Stellenwert von Kartoffeln ein. Auf Hawaii zählt es gar zu den wichtigsten traditionellen Nutzpflanzen. In Deutschland allerdings wird die Pflanze kaum genutzt, sondern erfreut sich hauptsächlich als Zierpflanze unter dem Namen „Elefantenohr" großer Beliebtheit.

## VORTEILE FÜR DIE ERNÄHRUNG

Die stärkehaltige Taroknolle lässt sich prinzipiell wie die Kartoffel verarbeiten, sie wird allerdings in den verschiedenen Kulturen sehr unterschiedlich zubereitet. Sie wird zu Mehl vermahlen und gebacken, auf Hawaii stellt man das Nationalgericht Poi (eine zähe fermentierte Paste) aus ihr her, und die Knolle wird sogar zu Eiscreme verarbeitet. Viel gerühmt ist die Bekömmlichkeit des Gewächses: Es kräftigt den Magen, lindert Beschwerden wie Sodbrennen und wird sogar darmkranken Säuglingen verabreicht. Auch die jungen Triebe und Blätter sind essbar. Allerdings müssen sie vorher gegart werden, um die in ihnen enthaltenen Kalziumoxalate zu verkochen, die beim Rohkonsum zu Irritationen im Rachen führen.

## VORTEILE FÜR DIE LANDWIRTSCHAFT

Abgesehen von den pantropischen Hauptanbaugebieten ist die Taroknolle auch noch in vielen anderen Regionen der Welt ein Grundnahrungsmittel und wird dort zur Selbstversorgung angebaut: so beispielsweise in den einkommensschwachen Tieflandregionen von Äthiopien, die nicht vom Hochland-Kaffeeexport profitieren. Ließe sich dort mit den Überschüssen des Eigenbedarfs ein transfairer Handel initiieren, könnte dieses Gebiet einen wirtschaftlichen Aufschwung erleben.

## ANBAU

Flachlandsorten wie der Wasser-Taro werden in Flut- und Hochwassergebieten angebaut, Hochlandsorten dagegen wie beispielsweise der Dryland-Taro sind von Regenfällen abhängig.
Wie bei der Batate lassen sich die Knollenenden leicht bewurzeln. Daraus erwächst eine wunderschöne Zimmerpflanze.
Aber Vorsicht: Verschiedene ebenfalls als „Elefantenohr" bezeichnete Zimmerpflanzen sehen dem Taro sehr ähnlich. Sie sind aber ungenießbar oder können sehr giftig sein! Dazu zählen *Alocasia macrorrhiza*, verschiedene *Xanthosoma*- und andere *Colocasia*-Arten.

# Macaire-Plätzchen

## mit Berberitzen-Vinaigrette

**Für 4 Portionen**
**Zeitbedarf:**
**ca. 50 Min.**
**+ 30 Min. kühlen**

**Zutaten:**
**Für die Plätzchen:**

- 150 g Taroknolle
- 100 g Meerrettich (am Stück)
- 75 g Kartoffeln
- ½ rote Zwiebel
- 1 EL Semmelbrösel
- 1 EL getrocknete Salatkräuter
- 2 Eigelb (Größe M)
- Salz, Pfeffer aus der Mühle
- 3 EL Pflanzenöl zum Braten

**Für die Vinaigrette:**

- 100 ml Mahoniesaft (siehe Tipp; ersatzweise Holundersaft)
- 2 EL Berberitzen (ethnische Supermärkte)
- 3 EL Pflanzenöl
- 1 EL Honig
- Salz, grüner Pfeffer aus der Mühle

**1.** Für die Plätzchen Taroknolle schälen, waschen, in ca. 1 cm große Würfel schneiden und in wenig Wasser ca. 10 Minuten garen. Abgießen und mit einer Gabel oder einem Kartoffelstampfer zerkleinern.

**2.** Meerrettich und Kartoffeln schälen und auf der Haushaltsreibe reiben. Zwiebel schälen und hacken. Taro, Meerrettich und Kartoffeln mit den restlichen Zutaten gründlich vermengen und mit Salz und Pfeffer abschmecken. 30 Minuten kalt stellen.

**3.** Für die Vinaigrette den Mahoniesaft mit den Berberitzen in einem kleinen Topf aufkochen. In ein hohes Gefäß füllen und mit dem Pürierstab mixen. Dabei das Öl langsam einträufeln lassen, bis eine Emulsion entsteht. Mit Honig, Salz und Pfeffer abschmecken.

**4.** Aus der Taromasse mit feuchten Händen kleine, flache Taler von ca. 30 g formen. Das Öl in einer Pfanne erhitzen und die Macaire-Plätzchen darin nacheinander knusprig braun backen. Macaire-Plätzchen anrichten, die Vinaigrette in ein Schälchen geben und dazu servieren.

Dazu schmecken Wildbratwürste.

## Mein Tipp

Die **Mahonie** ist eine weitverbreitete Zierpflanze, die bei uns immer populärer wird. Diese amerikanische Berberitzenart gilt gemeinhin als giftig, obwohl nur die Samen unbekömmlich sind. Entsaftet man die Beeren, kann man die darin enthaltene Säure als Delikatesse kennenlernen. Mahoniebeeren reifen bei uns ab Juli. **Berberitzen** kommen aus dem Iran und spielen dort in der traditionellen Küche eine wichtige Rolle. In Deutschland wurde die hier einst heimische Berberitze ausgerottet, weil sie ein Zwischenwirt für einen Getreideschädling war. Man kann auch die Früchte der Blutberberitze verwenden. Allerdings haben die Beeren einen sehr großen Kern, wodurch die Verarbeitung sehr schwierig wird.

# Taro-Gojibeeren-Suppe

**Für 4 Portionen**
**Zeitbedarf:**
**ca. 20 Min.**

**Zutaten:**
- 100 g Taroknolle
- 1 Zwiebel
- 2 Knoblauchzehen
- 1 Chilischote
- 1 TL Butter
- 1 1/2 l Gemüsebrühe
- 70 g Gojibeeren (Asiamarkt)
- 1 Frühlingszwiebel
- 2 Blätter Mangold
- Salz, grüner Pfeffer aus der Mühle

**1.** Taroknolle schälen, waschen und in ca. 1 cm große Würfel schneiden. Zwiebel und Knoblauch abziehen und fein würfeln. Chilischote waschen, entstielen, längs aufschneiden, entkernen und in feine Streifen schneiden.

**2.** Butter in einem Topf zerlassen und Zwiebel, Knoblauch und Chili darin anschwitzen. Mit Brühe aufgießen und aufkochen lassen. Tarowürfel hinzufügen und ca. 10 Minuten köcheln lassen. Danach Gojibeeren hinzufügen und weitere ca. 5 Minuten köcheln lassen.

**3.** In der Zwischenzeit Frühlingszwiebel putzen, waschen und in feine Scheiben schneiden. Mangoldblätter gründlich waschen, vom Strunk befreien und fein hacken.

**4.** Die Taro-Gojibeeren-Suppe mit dem Pürierstab pürieren und mit Salz und Pfeffer abschmecken. Suppe in 4 tiefe Teller verteilen und mit Frühlingszwiebeln und Mangoldblättern bestreut servieren.

## Mein Tipp

Die Gojibeere, eine Verwandte der Tomate, erlebt zurzeit einen unglaublichen Boom, weil sie als besonders gesund gilt. In der Regel wird sie zwar wie Rosinen verwendet, sie schmeckt aber auch sehr gut in herzhaften Gerichten.

# Taro-Kokos-Eiscreme

—— **mit Hanfkrokant-Hippe**

**Für 4 Portionen**
**Zeitbedarf:**
**ca. 30 Min.**
**+ ca. 2 Std. gefrieren (abhängig von der Eismaschine)**

**Zutaten:**
- 200 g Brombeeren
- 65 g Gelierzucker 3:1
- 100 g Taroknolle
- 2 EL Thai-Basilikumblüten
- 200 ml eisgekühlte Kokosmilch

**Für die Hanfkrokant-Hippen:**
- 4 EL Hanfkörner (Bioladen)
- 4 EL brauner Zucker

- einige Brombeeren zum Garnieren
- einige Blättchen Minze zum Garnieren

**1.** Brombeeren verlesen, vorsichtig abspülen und gut abtropfen lassen. 130 g von den Brombeeren in einen Topf geben, Gelierzucker hinzufügen und gut vermischen. Brombeeren mit einem Pürierstab fein pürieren und ca. 10 Minuten unter gelegentlichem Rühren kochen lassen. Anschließend abkühlen lassen.

**2.** Taroknolle schälen, waschen und in kleine Würfel schneiden. Tarowürfel in wenig Wasser ca. 10 Minuten garen und abkühlen lassen. Basilikumblüten abspülen, abtropfen lassen und grob hacken.

**3.** Kokosmilch mit den gegarten Tarowürfeln und den grob gehackten Basilikumblüten in einem Messbecher pürieren. Die restlichen Brombeeren und die Brombeermarmelade hinzufügen, die Masse in eine Eismaschine geben und ca. 2 Stunden gefrieren lassen.

**4.** Für die Hippen Hanfkörner in einer Pfanne trocken rösten, bis sie poppen. Zucker in einem kleinen Topf zerlassen und kurz köcheln lassen. Mit einem Löffel vorsichtig 4 Kreise flüssigen Zucker auf Backpapier verstreichen, die Hanfsamen gleichmäßig darauf verteilen und abkühlen lassen.

**5.** Brombeeren und Minzeblättchen abspülen und abtropfen lassen. Taro-Kokos-Eiscreme in 4 Schälchen anrichten, mit den Hanfkrokant-Hippen, den Brombeeren und den Minzeblättchen garnieren und servieren.

## Mein Tipp

Hier zeigt sich, wie vielseitig die Taroknolle ist. Sie gibt dem veganen Eis seine wunderbare Konsistenz und verringert den Fett- und Zuckergehalt. Milch bzw. Sahne wird durch Kokosmilch ersetzt, die durch ihren hohen Anteil an mittelkettigen Fettsäuren sehr gesund ist. Als Aromat können verschiedene Vollfruchtmarmeladen verwendet werden.

# Yamswurzel

——— **Dioscorea ssp.**

**Beschreibung Pflanze und Knolle**

Yamswurzelgewächse sind krautige, sich windende, ausdauernde Pflanzen und bilden als Überdauerungsorgane Rhizome oder Wurzelknollen, die in Größe, Gestalt und Farbe stark variieren können. Die Laubblätter können je nach Art gegen- oder wechselständig angeordnet sein und gliedern sich in Blattstiel und Blattspreite. Ihre einfachen oder zusammengesetzten Blätter sind von 3 bis 9 basalen Blattnerven durchzogen. Die spiraligen grünen Blütenstände werden in den Blattachseln gebildet, woraus die dreikantigen roten Kapselfrüchte mit geflügelten Samen entstehen.

## HERKUNFT

Die Gattung *Dioscorea* zählt zu den allereinfachsten Bedecktsamern und war schon zur Kreidezeit vor 75 Millionen Jahren auf allen Kontinenten vertreten. Ihre bis zu 800 Arten sind von den Tropen bis hin zu gemäßigten Zonen fast weltweit verbreitet. Zu den wichtigsten Nutzarten gehören Kartoffel-Yams (*Dioscorea esculenta*) aus Indien, „Violette Yam" (*Dioscorea alata*) aus Thailand, Chinesischer Yams (*Dioscorea opposita*) aus China, „Cush Cush Yam" (*Dioscorea trifida*) aus Südamerika, Weißer Yams (*Dioscorea rotundata*) aus Westafrika und Gelber Yams (*Dioscorea cayenensis*) aus Westafrika. In Deutschland hingegen gibt es nur einen Vertreter, die Schmerwurz (*Tamus communis*).

## GESCHICHTE

Die Nutzung des Yams nahm schon mit Beginn der Menschheitsgeschichte ihren Anfang – wahrscheinlich in West-Afrika. Und noch heute werden 90 Prozent aller Yamswurzeln in Afrika kultiviert. Auch bei mitteleuropäischen Jägern und Sammlern gehörte er lange Zeit als Notnahrungsmittel mit auf den Speiseplan. Die Gattung wurde nach einem griechischen Arzt benannt, da ihre Wurzeln vielfältige, auch bei uns genutzte Heilwirkungen haben: Der schleimige Milchsaft enthält Allantoin, das bei Hauterkrankungen die Heilung beschleunigt und bei Rheuma und Gicht entzündungshemmend, krampflösend und schmerzstillend wirkt. Außerdem enthalten Yamswurzeln das pflanzliche Hormon Diosgenin, das dem Gelbkörperhormon ähnelt und Frauen bei Menstruationsbeschwerden und bei Problemen in den Wechseljahren helfen soll.

## VORTEILE FÜR DIE ERNÄHRUNG

Wie alle Speicherorgane enthalten Yamswurzeln viele Kohlenhydrate, Proteine, Ballaststoffe, Vitamine und Mineralstoffe. Sie sind außerdem ein guter Stärkelieferant. Die meisten Arten dürfen allerdings nur gekocht verzehrt werden, roh sind sie toxisch. Manchmal ist es beim Kauf frischer Knollen schwierig, Yamswurzeln und Süßkartoffeln voneinander zu unterscheiden – zu stark ähneln sie sich vom Aussehen und auch vom Geschmack. Dann kann man zu einem Trick greifen: Zunächst stellt man das Knollenende warm und sonnig in ein Gefäß mit Wasser. Sobald es Wurzeln zieht und ein Trieb erscheint, bilden sich beim Yams ein Keimblatt, bei der Batate zwei.

## VORTEILE FÜR DIE LANDWIRTSCHAFT

Zwar bekommt man Yamswurzeln bei uns zurzeit nur in gut sortierten Asiamärkten, doch wenn 80 Millionen Deutsche nur einmal im Monat Yamswurzeln essen würden, könnten durch unsere verstärkte Nachfrage Länder wie beispielsweise Nigeria im Hauptanbaugebiet des tropischen Afrikas einen wirtschaftlichen Aufschwang erleben.

## ANBAU

In unseren gemäßigten Breiten ist die Chinesische Yamswurzel für den Anbau am besten geeignet. Sie wird an geschützten Standorten sogar winterfest.

# Frühstücksbiskuits

## von der Yamswurzel

**Für 12 Stück**
**Zeitbedarf:**
**ca. 30 Min.**
**+ ca. 25 Min. backen**

**Zutaten:**
- 100 g Yamswurzel
- Salz
- 200 g Mehl
- 1 TL Backpulver
- 1 EL Zucker
- 80 ml Milch
- 85 g weiche Butter
- 1 Ei (Größe M)

**1.** Yamswurzel schälen, waschen, grob würfeln und in Salzwasser ca. 10 Minuten garen. Anschließend abkühlen lassen.

**2.** Den Backofen auf 180 °C (Umluft 160 °C) vorheizen.

**3.** Mehl mit Backpulver, Zucker und 1 Prise Salz in eine Schüssel geben und gut vermischen. Yamswurzel mit einer Gabel zerdrücken oder durch die Kartoffelpresse drücken. Yams mit Milch, 80 g Butter und Ei zur Mehlmischung geben und mit dem Handrührgerät ca. 2 Minuten zu einem Teig verrühren.

**4.** Mit der restlichen Butter eine Muffinform (für 12 Muffins) gut fetten und den Teig gleichmäßig darin verteilen. Die Frühstücksbiskuits ca. 25 Minuten im heißen Backofen backen.

## Mein Tipp

Für diese Frühstücksbiskuits verwende ich ganz nach Lust und Laune mal Kartoffel-Yams oder Chinesischen Yams. Beide Knollen schmecken in dieser Komposition wirklich ausgezeichnet. Zu den Biskuits passen süße Aufstriche und Beläge genauso gut wie herzhafte.

# Yams-Schnitzel

## mit Rote-Zwiebel-Sauce

**Für 4 Portionen**
**Zeitbedarf:**
**ca. 40 Min.**

**Zutaten:**
- 1 Kartoffel-Yams
- 2 Knoblauchzehen
- 750 ml kräftige Gemüsebrühe
- 1 TL Ajvar (Würzpaste aus Paprika)
- 1 Stängel Petersilie
- 100 ml Pflanzenöl
- 2 EL Sojasauce
- 2 Eier (Größe M)
- 4 EL Mehl
- 50 g Paniermehl
- Salz, grüner Pfeffer aus der Mühle
- 2 TL Butter
- 1 TL Tomatenmark
- 2 rote Zwiebeln
- 1 Chilischote

**1.** Yamswurzel schälen, waschen und in 4 ca. 1 cm dicke Scheiben schneiden. Knoblauch abziehen und fein hacken. 250 ml von der Gemüsebrühe mit Ajvar und der Hälfte des Knoblauchs in einer großen Pfanne zum Kochen bringen. Die Yams-Scheiben darin nacheinander ca. 1 Minute blanchieren und gut abtropfen lassen. Den Sud für die Sauce beiseitestellen.

**2.** Petersilie abspülen und trocken tupfen. Blättchen von den Stängeln zupfen und klein hacken. 2 EL von dem Öl mit Sojasauce und Petersilie in einer Schüssel verrühren. Abgetropfte Yams-Scheiben darin kurz marinieren.

**3.** Eier in einem tiefen Teller verquirlen. Mehl und Paniermehl jeweils in einen tiefen Teller geben. Yams-Scheiben nacheinander aus der Marinade nehmen, Marinade beiseitestellen. Yams-Scheiben mit Salz und Pfeffer würzen und zuerst im Mehl, dann in den Eiern und anschließend im Paniermehl wenden. Schnitzel beiseitestellen.

**4.** 1 TL Butter in einem kleinen Topf zerlassen und das restliche Mehl unter ständigem Rühren darin dunkel anschwitzen. Tomatenmark mit der beiseitegestellten Marinade hinzufügen und die Mehlschwitze abkühlen lassen.

**5.** Zwiebeln abziehen und in feine Ringe schneiden. Chilischote waschen, entstielen, längs aufschneiden, entkernen und fein hacken. Restliche Butter in einer Pfanne zerlassen. Zwiebelringe mit Chili und restlichem Knoblauch hinzugeben, mit der restlichen Brühe und dem beiseitegestellten Sud aufgießen und ca. 15 Minuten köcheln lassen. Zwiebeln zur Seite schieben. Mehlschwitze mit dem Schneebesen unterrühren und weitere 5 Minuten köcheln lassen.

**6.** Restliches Pflanzenöl in einer zweiten Pfanne erhitzen. Yams-Schnitzel darin ca. 2 Minuten pro Seite ausbacken und auf Küchenkrepp abtropfen lassen.

**7.** Yams-Schnitzel mit der Sauce auf 4 Tellern anrichten und servieren. Dazu schmeckt Gemüsereis.

# Yams-Waldorfsalat

**Für 4 Portionen**
**Zeitbedarf:**
**ca. 20 Min.**
**+ ca. 2 Std. ziehen lassen**

**Zutaten:**
- 1 Limette
- 3 EL Mayonnaise
- 1 TL Agavendicksaft
- Salz, grüner Pfeffer aus der Mühle
- Tabasco
- 1 großer Apfel
- 150 g Knollensellerie
- 200 g Yamswurzel (vakuumiert, Asiamarkt)
- 3 EL kernlose grüne Trauben
- 2 EL geröstete und gesalzene Erdnüsse (Dose)
- 2 EL Gojibeeren (Asiamarkt)
- 10 Blättchen Pfefferminze

**1.** Limette halbieren und den Saft auspressen. Mayonnaise mit Limetten- und Agavendicksaft in einer großen Salatschüssel verrühren. Mit Salz, grünem Pfeffer und Tabasco vollwürzig abschmecken.

**2.** Apfel schälen, halbieren, entkernen und auf der Universalreibe grob reiben. Apfelraspel sofort unter die Mayonnaise heben. Knollensellerie schälen und waschen. Sellerie und Yamswurzel ebenfalls auf der Universalreibe groß reiben und dazugeben.

**3.** Weintrauben waschen und halbieren. Erdnüsse, Trauben und Gojibeeren zum Salat geben, alles gut vermischen und im Kühlschrank ca. 2 Stunden durchziehen lassen.

**4.** Vor dem Servieren Pfefferminzblättchen abspülen, trocken tupfen und klein hacken. Yams-Waldorfsalat mit gehackter Minze garnieren und servieren.

## Mein Tipp

Von Yamswurzeln nutze ich drei Sorten: die riesige Kartoffel-Yams, die Chinesische Yams, deren Form und Schale mit den schwarzen Poren und Borsten wie ein dünnes Beinchen aussehen, und vakuumiert aus dem Kühlregal gut sortierter Asiamärkte die vorgegarte Lila Yamswurzel, die man auch als Marmelade (Purple Yam Jam) oder als Mehl findet.

# Wasserkastanie

**Eleocharis dulcis/tuberosa**

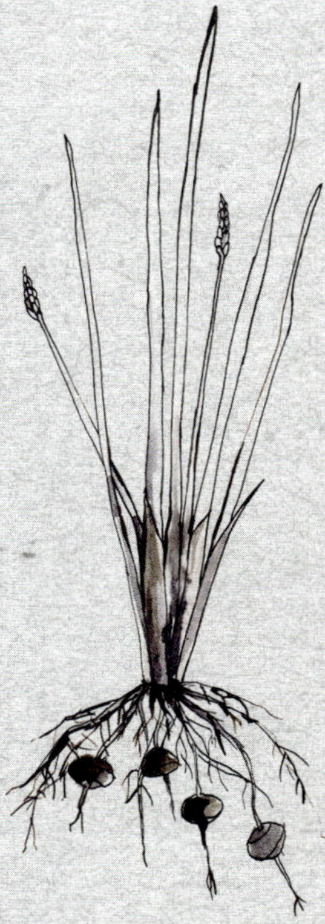

**Beschreibung Pflanze und Knolle**

Aus der frischen keimenden Knolle treiben 4 bis 6 hohle, steife Halme, die bis zu 1,5 m hoch werden können. Sie sind von schwarz-braunen basalen Scheidenblättern umgeben. Ihre kleinen Blüten stehen in einer endständigen Ähre. Die Knollen werden am Ende der drahtartigen Rhizome gebildet, bis zu 5 cm dick und haben in Form und Schalenfarbe tatsächlich eine verblüffende Ähnlichkeit mit Kastanien. Sie werden sogar genauso kreuzförmig eingeritzt, um das Schälen zu vereinfachen.

## HERKUNFT

Die essbare Knolle dieses aquatisch lebenden Sauergrases stammt ursprünglich aus dem südchinesischen Raum und besiedelt seichte Ränder von Flüssen, Seen und Sümpfen. Die Pflanze wächst ursprünglich in vielen Teilen Indiens, Südostasiens und Polynesiens.

Neben der wild vorkommenden Art *E. dulcis* gibt es auch die Kulturpflanze *E. tuberosa*, die deutlich größere Knollen bildet. Ihren Namen verdankt die Wasserkastanie ihrer Ähnlichkeit mit den hiesigen Kastanien, mit denen sie aber nicht verwandt ist. Auch die schwimmende Wassernuss *Trapa natans* wird häufig zu den Wasserkastanien gezählt, gehört aber zu einer anderen Pflanzenfamilie, deren Wassernüsse tatsächlich Früchte sind. Die dürfen allerdings nicht roh gegessen werden, da sie Giftstoffe enthalten, die erst durch den Garvorgang neutralisiert werden.

## GESCHICHTE

Die Pflanze wird heute in den Südstaaten Amerikas, in Thailand, Südchina, Indien, Vietnam, Taiwan, den Philippinen, Hawaii und Australien kultiviert. Aus der Stärke der getrockneten Knollen macht man in China ein süßes Getränk, und das Stroh der Pflanze wird zum Flechten von Matten und Körben verwendet.

## VORTEILE FÜR DIE ERNÄHRUNG

Die Kochfestigkeit und der süßliche Geschmack machen es leicht, dieses exotische Gemüse zu mögen. Wasserkastanien sind fett- und kalorienarm, sie sind reich an Kohlenhydraten, Kalium, Eisen und Vitamin B und enthalten viele Ballaststoffe. Zwar werden in gut sortierten Asiamärkten vor allem Import-Dosenware oder tiefgefrorene Knollen angeboten, doch mit etwas Glück findet man auch frische Knollen, die man auch roh genießen kann. Dann passen sie wunderbar zu Salaten. Die harte, braune Schale der Wasserkastanie enthält ein weißes, nussartig festes Fleisch, das herrlich aromatisch duftet.

Allerdings können die Knollen vom Riesendarmegel befallen sein. Daher sollte man sie vor dem Schälen unbedingt mit kochendem Wasser übergießen. Ihr Geschmack wird mit Mais oder Getreide verglichen.

## VORTEILE FÜR DIE LANDWIRTSCHAFT

Obwohl Wasserkastanien weltweit bekannt sind, war ihre Kultur in den neunziger Jahren angeblich rückläufig. Eine verstärkte Nachfrage könnte diesen Markt wiederbeleben und in Tropenregionen neue Einkunftsquellen generieren, sofern man die Knollen fair handeln würde. Allerdings gibt es dabei ein Problem: Wasserkastanien müssen kühl gelagert werden, damit sie nicht keimen.

## ANBAU

Weil die Pflanze einen bestimmten Hell-Dunkel-Takt benötigt, ist ihre Kultur nur im Äquatorgürtel erfolgreich, andernfalls sind die Erträge zu gering. Da Wasserkastanien in stehenden Gewässern gut gedeihen, werden sie häufig zusammen mit Reis angebaut.

# Wasserkastanien-Okra-Chowder

**Für 4 Portionen**
**Zeitbedarf:**
**ca. 60 Min.**

**Zutaten:**

- 1 Zwiebel
- 2 Knoblauchzehen
- 1 Möhre
- 2 Petersilienwurzeln
- 1 EL Butter
- 2 l heiße Gemüsebrühe
- 2 EL rote Linsen
- 2 Tomaten
- 1 Chilischote
- 10 Okraschoten (Asiamarkt)
- 2 Babymaiskolben (Dose)
- 4 Wasserkastanien
- 1 Stängel Zitronengras
- 2 Stängel Petersilie
- 100 ml Sahne
- Salz, grüner Pfeffer aus der Mühle

**1.** Zwiebel und Knoblauch abziehen und hacken. Möhre und Petersilienwurzeln schälen, waschen und fein würfeln.

**2.** Butter in einem großen Topf zerlassen. Zwiebel und Knoblauch darin anschwitzen, mit der Gemüsebrühe aufgießen und zum Kochen bringen. Möhre und Petersilienwurzel mit roten Linsen in die kochende Brühe geben und ca. 20 Minuten kochen lassen.

**3.** In der Zwischenzeit Tomaten waschen, vierteln und die Stängelansätze herausschneiden. Tomatenviertel entkernen und grob würfeln. Chilischote waschen, entstielen, längs aufschneiden, entkernen und in feine Streifen schneiden. Von den Okraschoten die Stielansätze mit den Spitzen (Kappen) abschneiden. Okraschoten waschen und in Ringe schneiden. Babymais in Scheiben schneiden.

**4.** Die Brühe mit dem Pürierstab gründlich pürieren und bei mittlerer Hitze weitergaren.

**5.** Wasserkastanien schälen, würfeln und zur Suppe geben. Zitronengras putzen, waschen und vom Strunk die unteren 2 cm abschneiden (ins Wasser gestellt, treibt es wieder aus). Zitronengras klein schneiden, mit vorbereitetem Gemüse zur Suppe geben und weitere ca. 20 Minuten köcheln lassen.

**6.** Petersilie abspülen und trocken tupfen. Blättchen von den Stängeln zupfen und klein hacken. Sahne zur Suppe geben und mit Salz und Pfeffer abschmecken. Wasserkastanien-Okra-Chowder mit Petersilie garniert servieren.

# Wasserkastanien-Strudel

**Für 4 Portionen**
**Zeitbedarf:**
**ca. 50 Min.**
**+ ca. 15 Min. backen**

**Zutaten:**
- 6 Wasserkastanien
- Salz
- 200 g Möhren
- 150 g Austernpilze
- 100 g Zuckerschoten
- 1 große Zwiebel
- 1 EL Sesamöl
- 100 g Sojasprossen
- 1 Mini-Pak-Choi
- 1 EL Sojaquark
- 1 TL rote Currypaste
- 1 EL gekochter Basmatireis
- 250 g Strudelteig (Kühlregal)
- etwas Butter zum Bestreichen

**1.** Wasserkastanien schälen und in Salzwasser in ca. 15 Minuten weich kochen.

**2.** In der Zwischenzeit Möhren schälen, waschen und in feine Streifen schneiden. Sobald die Kastanien weich sind, sie mit dem Schaumlöffel aus dem Wasser nehmen und abkühlen lassen. Die Möhrenstreifen ins Wasserkastanien-Kochwasser geben, ca. 10 Minuten kochen lassen und in ein Sieb abgießen.

**3.** Austernpilze putzen und die dicken Stiele entfernen. Pilze evtl. kurz abspülen und gut trocken tupfen. Von den Zuckerschoten die Enden abschneiden, evtl. abfädeln. Zuckerschoten waschen. Zwiebel abziehen. Austernpilze, Zuckerschoten und Zwiebel in feine Streifen schneiden. Sesamöl in einer Pfanne erhitzen. Zwiebel darin glasig dünsten, Pilze und Zuckerschoten hinzufügen, kurz anbraten und beiseitestellen.

**4.** Abgekühlte Wasserkastanien in 2 mm dünne Scheiben schneiden. Sojasprossen verlesen, in ein Sieb geben, kalt abspülen, abtropfen lassen und grob hacken. Pak Choi putzen, waschen und in dünne Streifen schneiden. Sojaquark und Currypaste in einer großen Schüssel gut miteinander verrühren, alles vorbereitete Gemüse und den Reis hinzugeben, vermischen und mit Salz abschmecken.

**5.** Den Backofen auf 200 °C (Umluft 180 °C) vorheizen. Ein Backblech mit Backpapier belegen.

**6.** Den Strudelteig auf einem Küchentuch ausbreiten und die Gemüsemischung darauf verteilen. Dabei links und rechts einen Rand freilassen, um den gerollten Strudel an den Enden einzuschlagen. Den Strudelteig mithilfe des Küchentuchs aufrollen. Butter in einem kleinen Topf zerlassen. Den Strudel auf das Backblech setzen, mit zerlassener Butter bestreichen und ca. 15 Minuten im heißen Backofen goldbraun backen.

# Wasserkastanien-Papaya-Salat

—— **mit Palmzucker-Kokos-Dressing**

**Für 4 Portionen**
**Zeitbedarf:**
**ca. 30 Min.**
**+ ca. 60 Min. ziehen lassen**

**Zutaten:**

- 300 g grüne Papaya
- Salz
- 10 Wasserkastanien
- 200 g Weißkohl
- 1 Knoblauchzehe
- 1 rote Chilischote
- 2 TL Palmzucker
- 100 ml Kokosessig
- 2 EL Sesamöl
- grüner Pfeffer aus der Mühle
- 100 g grüne Bohnen
- 1 Gemüsezwiebel
- 1 TL Kokosöl
- 1 Stängel Thai-Basilikum (Asiamarkt)
- 1 Stängel Koriandergrün
- 1 EL geröstete Erdnüsse (Dose)

**1.** Die unreife Papaya schälen, halbieren und das Kerngehäuse entfernen. Papayafruchtfleisch auf einer Universalreibe fein reiben, mit Salz bestreuen, auf einer Arbeitsfläche ausbreiten und mit einem Nudelholz kräftig durchwalken.

**2.** Wasserkastanien schälen, quer halbieren und auf der Universalreibe fein hobeln. Vom Weißkohl die äußeren Blätter entfernen. Kohl vierteln, waschen und den Strunk herausschneiden. Weißkohl in feine Streifen schneiden.

**3.** Knoblauch abziehen und fein hacken. Chilischote waschen, entstielen, längs aufschneiden, entkernen und ebenfalls fein hacken. Palmzucker in einem Topf bei geringer Hitze schmelzen und etwas abkühlen lassen. Essig hinzufügen, Sesamöl unterschlagen. Das Dressing mit Knoblauch, Chili, Salz und grünem Pfeffer kräftig abschmecken.

**4.** Weißkohl im Dressing ca. 30 Minuten marinieren und anschließend durchkneten.

**5.** In der Zwischenzeit Bohnen putzen, die Enden abschneiden, evtl. abfädeln, waschen und in mundgerechte Stücke schneiden, Gemüsezwiebel abziehen und in Streifen schneiden. Kokosöl in einem Topf erhitzen. Zwiebelstreifen mit den Bohnen darin anschwitzen.

**6.** Kräuter abspülen und trocken tupfen. Blättchen von den Stängeln zupfen und klein hacken. Alle vorbereiteten Salatzutaten in einer Schüssel vermengen und ca. 60 Minuten durchziehen lassen. Den Salat in 4 Salatschälchen anrichten und mit Erdnüssen garnieren.

# Maniok

—— **Manihot esculenta/dulcis**

**Beschreibung Pflanze und Knolle**

Maniok ist ein bis zu 5 m hoher Strauch mit unverzweigtem Stängel, der deutliche Wachstumsmuster aufweist. Die handförmigen Blätter sind 3- bis 9-fach gelappt und stehen an bis zu 35 cm langen Blattstielen. Um ihre Pfahlwurzel bilden sich in dichten Bündeln spindelförmige Wurzelknollen, die eine holzig-harzig braune Schale und milchsaftiges, weiß-gelbliches Fleisch haben. Längs verläuft mittig eine dunkle Ader.

## HERKUNFT

Das Herkunftsgebiet der als Wildgewächs unbekannten Maniokpflanze liegt in den süd- und mittelamerikanischen Tropen – von Mexiko bis Brasilien.

## GESCHICHTE

Im ursprünglichen Verbreitungsgebiet wird die auch „Yuca" und „Cassava" genannte Knolle vor allem wegen ihrer stärkehaltigen Wurzel seit ca. 4000 Jahren domestiziert. Sie kam durch die Portugiesen im 15. Jahrhundert nach Afrika und im 17. Jahrhundert nach Asien. Heute wird Maniok in den Tropen und Subtropen angebaut und zählt in vielen Ländern Afrikas, Asiens, Mittel- und Südamerikas zu den Hauptnahrungsmitteln.

## VORTEILE FÜR DIE ERNÄHRUNG

Bei uns sorgen vor allem Chips, Maniokmehl und -granulat sowie Tapiokastärke in Pulver- oder Perlenform für Abwechslung auf dem Tisch. Vor allem Weizen- oder Getreide-Allergiker wissen Maniokmehl zu schätzen. Es lässt sich nämlich wunderbar als Ersatz für Weizenmehl verwenden. Da die im Rohzustand giftige Maniokknolle wenig Protein enthält, werden in ihrer Heimat auch die eiweißreichen Blätter als Gemüse genutzt. Maniok gehört zu den Wolfsmilchgewächsen, die eigentlich alle giftig sind und deshalb in unserer Ernährung keine große Rolle gespielt haben (bis auf Rizinusöl als Abführmittel). Würden die artenspezifischen Vitalstoffkomplexe dieser Pflanzenart jedoch näher erforscht, zeigten sich durch solche Forschungen vielleicht Heilwirkungen bei den verschiedensten Krankheiten.

## VORTEILE FÜR DIE LANDWIRTSCHAFT

Im Zusammenhang mit der Klimaerwärmung könnte Maniok eine alternative Kulturpflanze werden. Denn da die Pflanze überaus robust und widerstandsfähig gegenüber Dürre ist, wird sie gerade in Krisengebieten angebaut und in Afrika auch Rambo-Wurzel genannt. Zudem gedeiht Maniok ohne Dünger und reichert den Boden sogar noch an, sodass sich die Felder nach der Ernte auch für Mais und Hirse nutzen lassen. Konsumierten wir also größere Mengen Maniok, würden die Zweit- und Drittweltländer in den Tropen davon profitieren.

## ANBAU

Wirtschaftlich genutzt werden zwei Maniokarten: *Manihot esculenta* – der bittere – und *Manihot dulcis* – der süße Maniok. Der bittere liefert zwar die größten Erträge, enthält aber eine Menge giftiger Glycoside, sodass seine Knollen durch Auslaugen, Rösten oder Fermentieren aufwendig bearbeitet werden müssen, um genießbar zu werden. Daher wird er fast ausschließlich zur industriellen Produktion von Maniokmehl und Tapiokastärke genutzt. Der süße Maniok wiederum konzentriert seinen geringen Glycosidgehalt hauptsächlich in den Randzonen und wird durch einfaches Schälen und Kochen genießbar. Er wird als Tropenkartoffel frisch vermarktet und wie Gemüse oder als Stärkebeilage gegessen.

# Cassava-Eichel-Bratling

—— **mit Hagebutten-Chutney**

**Für 4 Portionen**
**Zeitbedarf:**
**ca. 45 Min.**
**+ ca. 30 Min. ziehen lassen**

**Zutaten:**

- 80 g Maniok (alternativ Maniok-schrot aus dem Asiamarkt)
- 80 g küchenfertige Eicheln (siehe Tipp)
- 1 Chilischote
- 1 Zwiebel
- 2 Knoblauchzehen
- 3 EL Pflanzenöl
- je 120 ml Milch und Gemüsebrühe
- 80 g Rundkornreis (Milchreis)
- 1 Ei (Größe M)
- 1 Stängel Petersilie
- Salz, grüner Pfeffer aus der Mühle
- 1 Stängel Koriandergrün
- 120 g Hagebutten-Chutney (siehe Seite 153)

**1.** Maniok schälen, waschen und auf einer Haushaltsreibe reiben. Eicheln durch den Fleischwolf drehen. Chilischote waschen, entstielen, längs aufschneiden, entkernen und in feine Streifen schneiden. Zwiebel und Knoblauch abziehen und fein würfeln.

**2.** 1 EL Pflanzenöl in einer Pfanne erhitzen, Zwiebel und Knoblauch darin anschwitzen. Chili mit Maniok dazugeben und anbraten. Mit Milch und Brühe ablöschen und aufkochen lassen. Reis und Eichelmasse hinzufügen und bei geringer Hitze unter ständigem Rühren köcheln lassen, bis die Flüssigkeit eingekocht ist. Abdecken und ca. 30 Minuten ziehen lassen.

**3.** Ei in einer Schüssel leicht verquirlen, Petersilie abspülen und trocken tupfen. Blättchen von den Stängeln zupfen und klein hacken. Ei mit Petersilie unter die Masse rühren und mit Salz und Pfeffer abschmecken.

**4.** Restliches Öl in einer Pfanne erhitzen. Aus der Masse mit feuchten Händen kleine Frikadellen formen und in der Pfanne von beiden Seiten knusprig braun braten.

**5.** Koriandergrün abspülen und trocken tupfen. Blättchen von den Stängeln zupfen und nach Belieben grob hacken. Bratlinge und Hagebutten-Chutney mit Koriandergrün bestreut anrichten und servieren.

## —— Mein Tipp

Eicheln in der Küche zu verarbeiten ist gar nicht so schwer. Ab September können grüne Eicheln direkt vom Baum gepflückt werden. Um möglichst große Früchte zu ernten, suchen Sie am besten eine einzeln stehende Stieleiche. Zunächst die Hüte der Eicheln entfernen. Die Eicheln ca. 15 Minuten im heißen Backofen bei 180 °C rösten, abkühlen lassen und schälen. Dann die Früchte in reichlich Wasser kochen, bis es sich braun färbt. Das laugt die Bitterstoffe aus. 1 Eichel probieren. Sollte sie noch zu bitter sein, die Eicheln nochmals in frischem Wasser kochen. Den Vorgang so lange wiederholen, bis die Eicheln mild-nussig schmecken.

# Tapioka-Gemüse-Sülze

—— mit geröstetem Maniokmehl

**Für 4 Portionen**
**Zeitbedarf:**
**ca. 30 Min.**
**+ ca. 2 Std. kühlen**

**Zutaten:**
- 1 EL Tapiokaperlen (Asiamarkt)
- Salz
- 1 Stück Möhre (50 g)
- 1 Zwiebel
- 1 Knoblauchzehe
- 1 Chilischote
- 2 Okraschoten (Asiamarkt)
- 1 EL Pflanzenöl
- 1 EL gelbes Maniokmehl
- 2 EL Maiskörner
- 1 gestr. TL Agar-Agar
- 500 ml Gemüsesaft (Tetrapack)
- grüner Pfeffer aus der Mühle
- 1 Stängel Koriandergrün

**1.** Tapiokaperlen in reichlich Salzwasser in einem Topf ca. 20 Minuten kochen lassen.

**2.** In der Zwischenzeit Möhre schälen, waschen und klein würfeln. Zwiebel und Knoblauch abziehen und ebenfalls klein würfeln. Chilischote waschen, entstielen, längs aufschneiden, entkernen und in feine Streifen schneiden. Von den Okraschoten die Stielansätze mit den Spitzen (Kappen) abschneiden. Okraschoten waschen und in Ringe schneiden.

**3.** Pflanzenöl in einem Topf erhitzen. Maniokmehl darin hellbraun rösten, klein geschnittenes Gemüse und Mais hinzufügen und mit anschwitzen. Agar-Agar im Gemüsesaft glatt rühren und die Gemüsepfanne damit ablöschen.

**4.** Tapiokaperlen in ein Sieb abgießen, abtropfen lassen, in die Pfanne geben und gut vermengen. Tapioka-Gemüse aufkochen und ca. 4 Minuten köcheln lassen. Mit Salz und Pfeffer abschmecken. Die Masse in eine mit kaltem Wasser ausgespülte Form gießen, abkühlen lassen und ca. 2 Stunden kühl stellen.

**5.** Die fest gewordene Sülze vorsichtig mit einem Messer vom Rand lösen und auf einen Teller stürzen. Koriandergrün abspülen und trocken tupfen. Blättchen von den Stängeln zupfen und nach Belieben fein hacken. Die Sülze in 4 Scheiben schneiden, auf Tellern anrichten, mit Koriandergrün garnieren und als Vorspeise servieren.

## —— Mein Tipp

Maniokmehl, das sogenannte Farina, erhält durch Rösten ein herrliches Aroma. Ich kombiniere es gerne mit der gelierfähigen Speisestärke Tapioka, die aus der Wurzel von Maniok gewonnen wird und eine wirtschaftlich bedeutende Verarbeitungsform dieser Knolle ist.

# Maniok mit grüner Sauce

**Für 4 Portionen**
**Zeitbedarf:**
**ca. 30 Min.**

**Zutaten:**
- 700 g Maniok
- 1 Limette
- Salz

**Für die Sauce:**
- 6 Knoblauchzehen
- 1 Zwiebel
- ½ Zitrone
- 1 Stängel Petersilie
- 150 ml Olivenöl
- Salz, grüner Pfeffer aus der Mühle
- 1 EL kalte Butter

**1.** Maniok schälen, waschen und halbieren, Die Faser, die im Fleisch der Wurzel verläuft, nach Belieben längs herausschneiden. Maniok in 4 cm große Würfel schneiden.

**2.** Limette halbieren und den Saft auspressen. Maniokwürfel mit Limettensaft in reichlich Salzwasser zum Kochen bringen und ca. 20 Minuten garen. Die Maniokwürfel sollen weich sein, aber nicht zerfallen.

**3.** Inzwischen für die Sauce Knoblauch und Zwiebel abziehen. Knoblauch im Mixer pürieren, Zwiebel fein würfeln. Von der Zitrone den Saft auspressen. Petersilie abspülen und trocken tupfen. Blättchen von den Stängeln zupfen und klein hacken.

**4.** Olivenöl in einer Pfanne erhitzen, Zwiebel und Knoblauch darin anbraten, den Zitronensaft hinzufügen und aufkochen lassen. Mit Salz und Pfeffer abschmecken. Gehackte Petersilie hinzugeben. Sauce vom Herd nehmen und kurz vor dem Servieren kalte Butter einrühren.

**5.** Maniok mit der grünen Sauce auf 4 Tellern anrichten und servieren.

## Mein Tipp

Dieses traditionelle Maniokgericht habe ich in Südamerika unter dem Namen „Yuca con Mojo“ kennengelernt. Dort wird Maniok wie bei uns Kartoffeln sehr gern als Beilage serviert.

# Aus dem Garten

Diese köstlichen Knollen können Sie problemlos selbst anbauen und ernten.

„DIE YACONKNOLLEN, DIE ICH IM CAMPUS-SCHULGARTEN KULTIVIERE, SIND BEI MEINEN SCHÜLERN ALS ‚OBST' HEISS BEGEHRT."

——— Peter Becker

# Ocaknolle

—— **Oxalis tuberosa**

## HERKUNFT

Der Knollige Sauerklee stammt vermutlich aus Kolumbien und ist als Kulturpflanze von Venezuela, Bolivien bis in die peruanischen Hochanden und Nordargentinien verbreitet. Die Hauptanbaugebiete liegen in 3500 m Höhe.

## GESCHICHTE

„Die Kartoffel, für die man keine Crème fraîche benötigt", wie sie in ihrer Heimat genannt wird, ist wegen ihrer ausgeprägten Säure bei allen Hochlandindios ein sehr beliebtes Lebensmittel und wird dort schon seit mindestens 1000 Jahren kultiviert. Innerhalb ihres ursprünglichen Verbreitungsgebietes werden die kleinen Knollen nach Kartoffeln als das am häufigsten angebaute Grundnahrungsmittel geschätzt. Außerhalb ihres Ursprungsverbreitungsgebietes sind Ocaknollen bislang nur in Mexiko von Bedeutung. Dort werden sie entlang der Gebirgsregionen der Sierra Nevada seit ca. 300 Jahren genutzt. 1860 in Neuseeland eingeführt, wird die Pflanze dort in beachtlichem Umfang als Stärkelieferant angebaut und ist als New Zealand Yam weit verbreitet. Aber auch in Mitteleuropa erlebt Oca seit den achtziger Jahren als botanische und kulinarische Besonderheit einen Boom und ist mittlerweile auch in vielen Gärtnereien erhältlich.

## VORTEILE FÜR DIE ERNÄHRUNG

Die Pflanze der Ocaknolle ähnelt dem Neujahrsglücksklee und ist verwandt mit dem Waldsauerklee und der Karambole. Die kleinen Knollen haben einen vergleichbar sauren Geschmack wie ihre Verwandten, sind durch ihre Oxalsäure sehr erfrischend und enthalten viel Vitamin C. Sie können roh im Salat oder gegart gegessen werden. Durch ihre ungewöhnliche Form und Farbe bilden die Knollen eine schöne und gesunde Abwechslung auf unserem Speiseplan.

## VORTEILE FÜR DIE LANDWIRTSCHAFT

Einerseits liegt in der Popularisierung dieser Gebirgspflanze eine echte Chance für die nachhaltige Entwicklung unserer alpinen, ländlichen Räume. Mit Erträgen von 40 bis 60 Tonnen pro Hektar und guten Lagereigenschaften wäre ihr extensiver Anbau durchaus förderungswürdig. Andererseits könnte mit einem verstärkten Export von Ocaknollen auch der traditionelle Anbau im Andengebiet beträchtlich gesteigert werden.

## ANBAU

Der Knollige Sauerklee bevorzugt einen humosen und lockeren Boden. Der Standort sollte etwas sonnig, jedoch nicht zu heiß sein. Optimal sind kühle Witterung, Höhenlage und nasse Sommer. Der Anbau gleicht dem von Kartoffeln. Die Aussaat von jeweils 3 bis 4 Knollen erfolgt von März bis April mit einem Abstand von 30 bis 40 cm. Die Knollen sind auch ähnlich frosthart wie Kartoffeln und werden im Herbst gebildet. Weil sie nur wenig Zeit zum Wachsen haben, bleiben sie bei uns ziemlich klein. Geerntet wird aber, im Gegensatz zur Kartoffel, nach dem ersten Frost, wenn die oberirdischen Teile absterben.

**Beschreibung Pflanze und Knolle**

Oca ist eine mehrjährige, sukkulente, krautige Pflanze und erreicht mit ihren aufrechten oder kriechenden Trieben eine Länge von ca. 30 cm. Die Wurzeln bilden stark verzweigte Rhizome mit verdickten Enden. Die fingerdicken Knollen mit quer verlaufenden Furchen kommen in vielen verschiedenen Sorten vor: als weiße, gelbe, orangefarbene, rosa, rote und grüne. Die dreigeteilten Blätter sind umgekehrt herzförmig und stehen an dünnen Blattstielen. Die gelben Blütenstände erscheinen endständig als 5- bis 8-fache Trugdolden.

# Gebackene Oca

## mit Schwarzbohnendip

**Für 4 Portionen**
**Zeitbedarf:**
**ca. 25 Min.**

**Zutaten:**
**Für den Dip:**
- 1 Zwiebel
- 1 Knoblauchzehe
- 3 schwarze Oliven (ohne Stein)
- 1 Chilischote
- 400 g gekochte schwarze Bohnen (Dose, Asiamarkt)
- 2 Scheiben Frühstücksspeck
- ca. 100 ml Wasser
- 1 Brühwürfel (20 g)
- 1 Pck. TK-Suppengrün (100 g)
- Salz, Cayennepfeffer
- grüner Pfeffer aus der Mühle
- Zucker, gem. Kreuzkümmel
- 1 EL brauner Rum

**Für die gebackenen Oca:**
- 200 g kleine Ocaknollen
- 100 ml Buttermilch
- 50 g Mehl
- Salz, Cayennepfeffer
- 50 ml Pflanzenöl

- ½ rote Chilischote zum Garnieren

1. Für den Dip Zwiebel und Knoblauch abziehen. Zwiebel grob hacken, Knoblauch und Oliven zerdrücken. Chilischote waschen, entstielen, längs aufschneiden, entkernen und klein schneiden. Schwarze Bohnen in einem Sieb abtropfen lassen.

2. Speck in einer Pfanne ca. 2 Minuten pro Seite ohne Fett knusprig braun braten, herausnehmen und klein schneiden.

3. Zwiebel im ausgelassenen Speckfett schön dunkel bräunen. Chili, Knoblauch und Oliven hinzufügen und mit Wasser ablöschen. Brühwürfel mit Suppengemüse, Speck und Bohnen dazugeben, aufkochen und ca. 10 Minuten bei geringer Hitze köcheln lassen.

4. Für die gebackenen Oca in der Zwischenzeit Ocaknollen waschen. Buttermilch in einen tiefen Teller geben. Mehl mit Salz und Cayennepfeffer in einem zweiten tiefen Teller mischen. Ocaknollen erst in die Buttermilch tauchen, dann im Mehl wenden. Pflanzenöl in einer hohen Pfanne erhitzen und die Ocaknollen darin ca. 4 Minuten goldbraun ausbacken.

5. Bohnen mit Salz, Cayenne- und grünem Pfeffer, Zucker, Kreuzkümmel und Rum kräftig abschmecken und mit dem Pürierstab pürieren.

6. Rote Chilischote waschen, entstielen und in dünne Ringe schneiden. Gebackene Oca auf 4 Tellern anrichten. Schwarzbohnendip in ein separates Schälchen geben, mit den Chiliringen garnieren und dazu reichen.

### Mein Tipp

Dieses Rezept ist eine einfache und sehr leckere Art, Ocaknollen kennenzulernen. Gewöhnlich bereite ich den Schwarzbohnendip mit einem kleinen Rest übrig gebliebener Bohnensuppe zu. Diese Tunke eignet sich dafür wirklich optimal. Wenn ich jedoch keine Suppe zur Verfügung habe, greife ich zu einer Bohnen-Konserve, mit der der Dip ebenfalls ausgezeichnet schmeckt.

# Oca-Sternfrucht-Carpaccio

**Für 4 Portionen**
**Zeitbedarf:**
**ca. 20 Min.**

**Zutaten:**

- 2 Sternfrüchte (Karambolen)
- 5 Ocaknollen

**Für das Puttanesca-Dressing:**

- 1 Knoblauchzehe
- 100 ml Olivenöl
- 1 Anchovi-Filet
- 4 Kapern
- 2 schwarze Oliven
- 1 TL gehackte rote Zwiebel
- 1 Messerspitze gehackte Chilischote
- 10 Gojibeeren (Asiamarkt)

**Für die Garnitur:**

- 500 ml Wasser
- 2 EL Zucker
- 50 g Buchweizennudeln
- 500 ml Pflanzenöl zum Frittieren
- 1 EL Honig
- 4 Blätter Sauerampfer, Waldsauer- oder Glücksklee (alternativ 12 Blätter Blut-Berberitze)

**1.** Sternfrüchte gründlich waschen, mit Küchenkrepp trocken tupfen, in 5 mm dicke Scheiben schneiden und die Kerne entfernen. Sternfruchtscheiben halbieren und so mit den Zacken nach außen als Ring auf 4 Teller legen, dass die Tellermitte frei bleibt.

**2.** Ocaknollen gründlich waschen, in 3 mm dicke Scheiben schneiden und je 2 Ocascheiben auf die Karambolehälften legen.

**3.** Für das Dressing Knoblauch abziehen und fein hacken. Olivenöl in ein hohes Gefäß (z. B. Messbecher) geben, alle Zutaten für das Dressing dazugeben und mit dem Pürierstab pürieren. Das Dressing über das Oca-Sternfrucht-Carpaccio träufeln.

**4.** Für die Garnitur Wasser in einem Topf zugedeckt zum Kochen bringen. Zucker und Nudeln hinzugeben. Die Nudeln im geöffneten Topf bei mittlerer Hitze ca. 3 Minuten garen, dabei gelegentlich umrühren. Nudeln in ein Sieb geben und gut abtropfen lassen.

**5.** Pflanzenöl in einem kleinen Topf erhitzen. Nudeln mit einer Gabel zu 4 Nestern aufrollen, knusprig darin frittieren und auf Küchenkrepp abtropfen lassen.

**6.** Honig in einem kleinen Topf erhitzen. Nudelnester jeweils auf die Tellermitte setzen und mit dem Honig beträufeln. Wildkräuterblätter abspülen, trocken tupfen und das Carpaccio damit garnieren.

## Mein Tipp

Rohe Ocaknollen haben dieselbe wunderbare Säure wie z. B. Sauerampfer. Die Sternfrucht (ebenfalls ein Sauerkleegewächs) enthält in ihrem saftigen Fruchtfleisch zwar die gleiche Säure wie die Ocaknolle, aber beim Kauen erleben wir ganz andere sensorische Eindrücke. Mit Sauerampferblättern (oder den anderen aufgeführten Wildkräutern) ergänzt, erfahren wir die Säure als dreidimensionale Geschmacksexplosion.

# Ocaknollen-Auflauf

**Für 4 Portionen**
**Zeitbedarf:**
**ca. 40 Min.**
**+ ca. 45 Min. überbacken**

**Zutaten:**
- 150 g Ocaknollen
- 150 g Zucchini
- 150 g Hokkaido-Kürbis
- 3 Frühlingszwiebeln
- 1 Stängel Winterbohnenkraut (ca. 5 g)
- 10 g Brennnesselspitzen (alternativ Rucola oder Feldsalat)
- 2 Scheiben Emmentaler Käse
- 1 Knoblauchzehe
- 1 TL weiche Butter für die Form
- 3 EL Milchreis für die Form
- 400 ml Sahne
- 100 g Ajvar (Würzpaste aus Paprika, Glas)
- Salz, grüner Pfeffer aus der Mühle
- 1 TL Honig

**1.** Ocaknollen waschen und in 3 mm dicke Scheiben schneiden, ganz kleine Knollen halbieren. Zucchini waschen und die Enden abschneiden. Zucchini längs halbieren, mit einem Teelöffel die Kerne herauslöffeln und in ein hohes Gefäß (z. B. Messbecher) geben. Zucchini in 5 mm dicke Scheiben schneiden.

**2.** Kürbis waschen und den faserigen Innenteil entfernen. Kürbis mit Schale in 5 mm große Würfel schneiden. Frühlingszwiebeln putzen, waschen und in sehr feine Scheiben schneiden. Bohnenkraut abspülen und trocken tupfen. Blättchen von den Stängeln zupfen. Brennnesselspitzen mit Gummihandschuhen waschen und grob hacken. Käse klein schneiden.

**3.** Den Backofen auf 180 °C (Umluft 160 °C) vorheizen.

**4.** Knoblauch abziehen. Eine mittelgroße Auflaufform damit ausreiben, mit Butter fetten und mit Milchreis ausstreuen. Knoblauchzehe, Sahne, Käse und Ajvar zu den Zucchinikernen in den Messbecher geben und mit einem Pürierstab pürieren. Mit Salz, grünem Pfeffer und Honig abschmecken.

**5.** Brennnesseln, das klein geschnittene Gemüse und das Bohnenkraut in einer Schüssel vermengen, kräftig mit Salz und Pfeffer würzen, in die Auflaufform geben und etwas festdrücken. Sahne-Käse-Mischung darübergießen und ca. 45 Minuten im heißen Backofen überbacken.

Mit Tomatensalat servieren.

# Yacon

**Smallanthus sonchifolius**

## HERKUNFT

Wilde Formen der Yaconpflanze gedeihen auf der Cundinamarca-Hochebene in Kolumbien. Die Pflanze besiedelt tropische und subtropische Berghänge in Höhen von 1000 bis 3300 m und ist von Venezuela bis nach Nordargentinien verbreitet.

## GESCHICHTE

Seit Jahrhunderten sind die Knollen im nördlichen Hochland Südamerikas ein wertvolles probiotisches Nahrungsmittel. Da sie aber von jeher hauptsächlich von Kleinbauern der Hochlandregionen angebaut wurden, war ihre agronomische Produktion bislang eher beschränkt. Erst als 1982/83 die Kartoffelerträge durch die Dürre in den Anden massiv einbrachen, wurden die Yaconknollen populärer und ihre Zuchtformen intensiver erforscht. Seit 2015 gibt es auch in Deutschland Feldversuche an der Universität Hohenheim, die den Anbau von Yacon erstmals wissenschaftlich begleiten. Außerdem wird die sehr anpassungsfähige Pflanze heute auch in Asien, Nordamerika und Australien angebaut.

## VORTEILE FÜR DIE ERNÄHRUNG

Die zu den Korbblütlern zählende Pflanze speichert Kohlenhydrate in ihren Wurzeln nicht als Stärke, sondern als Inulin. Das macht sie für Diabetiker interessant. Denn Inulin beeinflusst wie das Lacton Enhydrin in den Pflanzenblättern den Blutzuckerspiegel positiv. Die Knolle soll den Stoffwechsel anregen, das Hungergefühl eindämmen und den Aufbau einer gesunden Darmflora fördern. Sie ist sehr kochfest und hat einen feinen Birnengeschmack. Aus ihren Stängeln wird in ihrer Heimat Gemüse gemacht. Das unterirdisch wachsende Obst eignet sich sowohl für süße als auch für herzhafte Gerichte und kann roh oder gekocht gegessen werden. Im Handel findet man Pulver aus den Blättern, getrocknete Wurzelscheiben, eingedickten Wurzelsaft (Yaconsirup) sowie frische Kultur-Knollen.

## VORTEILE FÜR DIE LANDWIRTSCHAFT

Da die Inkawurzel beim Anbau in Deutschland abgesehen von Wühlmäusen und Schnecken von keinen weiteren Schädlingen befallen wird, kann und sollte sie als Bioprodukt angebaut werden, vor allem auch deshalb, weil die Knollen sowohl durch künstlichen Dünger als auch durch Pestizide geschmacklich und qualitativ stark beeinträchtigt werden. Damit könnten landwirtschaftliche Bioflächen weiter ausgebaut werden.

## ANBAU

Jungpflanzen pflanzt man ab Mai an einem sonnigen Standort in gelockertem, naturgedüngtem Boden mit einem Abstand von 1 m ein. Sie sollten immer schön feucht gehalten und von Schnecken frei gehalten werden. Geerntet wird vor dem Frost: Dafür sticht man die ganze Pflanze mit einem Spaten im Radius von 60 cm frei, damit die Speicherknollen unbeschadet bleiben. Die darüberliegenden Vermehrungsrhizome lagert man frostfrei, kühl und dunkel bis zum nächsten Frühjahr.

**Beschreibung Pflanze und Knolle**

Die Verwandte der Sonnenblume ist eine ausdauernde, krautige Pflanze, die eine Höhe von 1,5 bis 3 m erreichen kann. Am samtigen Stängel bilden sich gegenständige, pfeilförmige Blätter, die bis zu 50 cm lang werden. Die gelblich-orangen Blütenstände erreichen einen Durchmesser von ca. 10 cm. Die Speicherknollen bilden sich in dichten Bündeln direkt unter der Pflanze und können bis zu 25 cm lang werden. Es gibt weiß-, gelb- und lilafleischige Knollen mit brauner oder roter Schale, wobei die gelben als die hochwertigsten gelten.

# Salpicón mit Yacon

**Für 4 Portionen**
**Zeitbedarf:**
**ca. 20 Min.**
**+ ca. 30 Min. ziehen lassen**

**Zutaten:**
**Für das Dressing:**
- 1 grüne Chilischote (Jalapeño)
- 1 Knoblauchzehe
- 4 EL Zitronenlimonade (Sprite)
- 4 EL Bier
- 3 EL Pflanzenöl
- Salz, grüner Pfeffer aus der Mühle
- Cumin (gem. Kreuzkümmel)

**Für das Salpicón:**
- 2 Yaconknollen (je 100 g)
- 1 feste Avocado
- 1 rote Paprikaschote
- 1 Gemüsezwiebel
- 4 EL Maiskörner (Dose)
- 4 EL Granatapfelkerne

- 4 Tortillas (Weizenfladen)
- 1 Stängel Koriandergrün zum Garnieren

**1.** Für das Dressing Chilischote waschen, entstielen, längs aufschneiden, entkernen und in feine Streifen schneiden. Knoblauch abziehen und fein hacken. Zitronenlimonade und Bier mit Chilischote und Knoblauch in ein hohes Gefäß (z. B. Messbecher) geben und zu einer homogenen Masse pürieren. Pflanzenöl hinzugießen, glatt rühren und mit Salz, Pfeffer und Cumin kräftig würzen.

**2.** Für das Salpicón Yaconknollen schälen, waschen und in 1 cm große Würfel schneiden. In eine Schüssel geben, zwei Drittel des Dressings darübergießen und Yacon darin schwenken.

**3.** Avocado längs halbieren und den Stein herauslösen. Das Fruchtfleisch mit einem Esslöffel aus den Schalen herauslösen und ebenfalls klein würfeln. In eine kleine Schüssel geben und im restlichen Dressing schwenken, damit das Avocadofruchtfleisch nicht braun wird.

**4.** Paprika halbieren, entstielen, entkernen und die weißen Scheidewände entfernen. Schoten waschen und fein würfeln. Zwiebel abziehen und ebenfalls in kleine Würfel schneiden. Paprika, Zwiebel und Avocado zum Yacon in die Schüssel geben. Mais abtropfen lassen, mit Granatapfelkernen unter das Salpicón mischen und ca. 30 Minuten durchziehen lassen.

**5.** Kurz vor dem Servieren Tortillas in einer heißen Pfanne von jeder Seite ca. 1 Minuten anrösten. Herausnehmen und warm stellen. Koriandergrün abspülen und trocken tupfen. Blättchen von den Stängeln zupfen und nach Belieben fein hacken. Salpicón auf 4 Tellern anrichten, mit Koriandergrün garnieren und warme Tortillas dazu reichen.

## Mein Tipp

Als Salpicón bezeichnet man in der mittelamerikanischen Küche ein buntes Medley fein geschnittener Zutaten, um z. B. Tacos zu füllen oder Toastscheiben zu belegen und mit Käse zu überbacken.

# Yacon-Gemüse-Curry

**Für 4 Portionen**
**Zeitbedarf:**
**ca. 25 Min.**

**Zutaten:**

- 1 Yaconknolle (150 g)
- 100 g Knollensellerie
- 2 EL Sesamöl
- 2 EL Currypulver
- 1 Bund Frühlingszwiebeln
- 2 rote Chilischoten
- 2 Knoblauchzehen
- 20 g Ingwer
- 150 ml Gemüsebrühe
- 400 ml Kokosmilch
- 1 Strauchtomate
- 50 g Okraschoten (Asiamarkt)
- 50 g TK-Erbsen
- 1 EL Rosinen
- 4 Scheiben Naan-Brot
- je 1/2 TL Zimtblüten und Kreuzkümmel
- Salz, grüner Pfeffer aus der Mühle

**1.** Yacon und Sellerie schälen, waschen und in ca. 2 cm große Würfel schneiden. Sesamöl in einer hohen Pfanne erhitzen. Yacon und Sellerie darin scharf anbraten und mit Currypulver bestreuen.

**2.** Frühlingszwiebeln putzen, waschen und in ca. 1 cm dicke Scheiben schneiden. Chilischoten waschen, entstielen, längs aufschneiden, entkernen und in feine Streifen schneiden. Knoblauch abziehen, Ingwer schälen und beides fein hacken. Erst Frühlingszwiebeln, dann Chili, Knoblauch und Ingwer mit in die Pfanne geben und gut untermischen. Mit Gemüsebrühe ablöschen. Dann Kokosmilch hinzugießen, zum Kochen bringen und bei geringer Hitze ca. 10 Minuten köcheln lassen.

**3.** In der Zwischenzeit den Backofen auf 180 °C (Umluft 160 °C) vorheizen.

**4.** Tomate waschen, vierteln und die Stängelansätze herausschneiden. Tomatenviertel in 5 mm dünne Scheiben schneiden. Von den Okraschoten die Stielansätze mit den Spitzen (Kappen) abschneiden. Okraschoten waschen und in Ringe schneiden. Tomaten mit Okraschoten, Erbsen und Rosinen ins Curry geben.

**5.** Brot ca. 7 Minuten im heißen Backofen rösten.

**6.** Zimtblüten und Kreuzkümmel im Mörser zerstoßen und ebenfalls zum Curry geben. Curry mit Salz und Pfeffer abschmecken, auf 4 Tellern anrichten und mit dem heißen Naan-Brot servieren.

# Trilog der Sonnenblume

**Für 4 Portionen**
**Zeitbedarf:**
**ca. 45 Min.**
**+ ca. 20 Min. garen**

**Zutaten:**
- 1 Gemüsezwiebel
- 1 Knoblauchzehe
- 1 Stängel Thymian
- 3 EL Pflanzenöl
- Salz
- 1 EL Puderzucker
- 500 ml Gemüsebrühe
- 3 Yaconknollen (je 100 g)
- 1 TL Honig
- grüner Pfeffer aus der Mühle
- 100 g Sonnenblumenkerne
- 150 g Topinambur-Knospen, in Essig eingelegt (siehe Tipp)
- 1 Ei (Größe M)
- 1 EL Mandelmehl
- 4 Schaschlikspieße (21 cm lang)
- 1 EL Butter
- 1 Stängel Pfefferminze

**1.** Den Backofen auf 180 °C (Umluft 160 °C) vorheizen. Gemüsezwiebel und Knoblauch abziehen. Zwiebel in 1 cm dicke Scheiben schneiden, Knoblauch halbieren. Thymian abspülen und trocken tupfen. 2 EL Pflanzenöl in einer feuerfesten Pfanne erhitzen. Zwiebelscheiben salzen, mit Puderzucker bestäuben und in der Pfanne anschwitzen.

**2.** Knoblauch mit Thymian hinzugeben und so viel Gemüsebrühe hinzugießen, dass die Zwiebeln fast bedeckt sind. Zwiebeln ca. 20 Minuten im heißen Backofen garen. Aus der Pfanne nehmen und warm stellen. Den Sud für das Dressing beiseitestellen.

**3.** Yaconknollen schälen, waschen und erst längs in 3 mm dünne Scheiben, danach in 3 mm breite Streifen schneiden. Restliches Öl in einer Pfanne erhitzen, Yacon darin andünsten und mit Honig beträufeln. Mit Salz und Pfeffer abschmecken und bis zum Anrichten abgedeckt ziehen lassen.

**4.** Sonnenblumenkerne in einer weiteren Pfanne ohne Fett anrösten. Topinambur-Knospen aus dem Essig nehmen und abtropfen lassen. Den Essig mit dem Zwiebelsud in ein hohes Gefäß (z. B. Messbecher) gießen, die Sonnenblumenkerne hinzugeben und zu einem homogenen Dressing pürieren. Mit Salz und Pfeffer abschmecken.

**5.** Ei in einem tiefen Teller verquirlen. Topinambur-Knospen erst im verquirlten Ei, dann im Mandelmehl wälzen und auf 4 Schaschlikspieße stecken. Butter in einer Pfanne zerlassen und Knospenspieße darin ausbacken.

**6.** Pfefferminze abspülen und trocken tupfen. Blättchen von den Stängeln zupfen und nach Belieben grob hacken. Zwiebelscheiben mit Yaconstiften auf 4 Tellern anrichten, mit dem Dressing beträufeln und jeweils 1 Topinambur-Spieß darauflegen. Mit gehackter Minze bestreut servieren.

## Mein Tipp

Da Yacon eng mit den Sonnenblumen verwandt ist, lassen sich mit diesem Gericht drei Pflanzenorgane zu einem vollwertigen Gericht vereinen: die Knollen vom Yacon mit zarten Topinambur-Knospen und einem Dressing aus Sonnenblumenkernen. Die Knospen pflücke ich im Juli/August und lege sie bis zur Yaconernte im Spätherbst in Blütenessig ein.

# Mashua

—— **Tropaeolum tuberosum**

**Beschreibung Pflanze und Knolle**

Die Pflanze ist eine ausdauernde Staude. In unseren Breiten wird sie jedoch nur einjährig gezogen. Die Pflanze besitzt schildförmige (peltate) Blätter und kann unter guten Bedingungen eine Länge von bis zu 1,5 m erreichen. Die Blätter sind sternförmig gelappt. Die Pflanze klettert mithilfe von Blattstielranken. Gegen Ende des Sommers bilden sich wunderschöne, gespornte Blüten aus, die eine orangerote Färbung haben. Die Knollen können bis zu 14 cm lang werden und sind weiß-gelb-purpur überlaufend mit quer verlaufenden schwarzen Kerben.

## HERKUNFT

Die Knollige Kapuzinerkresse hat ihren Ursprung in den Zentralanden Südamerikas und wird als Kulturpflanze in Höhenlagen zwischen 3000 bis 4000 m in Ecuador, Peru, Kolumbien, Bolivien, Chile und Nordargentinien angebaut. Dort hat sie vor allen Dingen in ländlichen Gebieten eine nicht unerhebliche Bedeutung für die Ernährung der armen Bevölkerung. Verschiedene Wildarten finden sich im gesamten Verbreitungsgebiet.

## GESCHICHTE

Die Knollen, die in ihrer Heimat auch „Añu" genannt und im deutschsprachigen Raum meist als „Cubio" oder „Zimtkartoffel" gehandelt werden, waren im andinen Hochland bereits in vorkolumbianischer Zeit ein wichtiges Grundnahrungsmittel. Die Feldherren der Inkas machten sich zudem die anti-aphrodisierende Wirkung der Knollen zunutze und verabreichten sie ihren Soldaten. Heute wird vor allem in Neuseeland das Potenzial von Mashua als Kulturpflanze erprobt.

## VORTEILE FÜR DIE ERNÄHRUNG

Zimtkartoffeln sind eine kulinarische Besonderheit, die roh eine radieschenähnliche Schärfe haben und gegart ein zimtartiges Aroma entwickeln. Selbst die Blätter und Blüten können roh unter Salate gemischt werden. Ernährungsphysiologisch haben die Knollen einen mit Kartoffeln vergleichbaren Nährwert. Dank ihrer antibiotischen und harntreibenden Wirkung helfen sie bei Nierenbeschwerden und sollen auch bei Hauterkrankungen wirken. Genau wie die verwandte Große Kapuzinerkresse enthält Mashua scharfe Glucosinolate, die sogar Antibiotika ersetzen können, insbesondere wenn die ebenfalls essbaren Blätter und Blüten mitverwendet werden.

## VORTEILE FÜR DIE LANDWIRTSCHAFT

Als neue Kulturpflanze für Bergregionen könnte Mashua eine zukunftsträchtige Perspektive sein. Denn das anspruchslose Gewächs braucht weder Dünger noch Pflanzenschutzmittel. Es wäre demnach auch für eine produktive, ökologische und nachhaltige Landwirtschaft interessant, weil es durch seinen Gehalt an Senfölglycosiden Schädlinge und Krankheiten fernhält und beispielsweise gut mit Topinambur gepflanzt werden kann. Die Knollen werden auch als Tierfutter genutzt.

## ANBAU

Die Knollige Kapuzinerkresse kann im Freiland und auf dem Balkon in Kübeln kultiviert werden. Sie ist relativ anspruchslos und benötigt nur ausreichend Wasser. Von April bis Mai werden die einzelnen Knollen 10 bis 15 cm tief in die Erde gesteckt, mit einem Abstand von 80 cm. Sobald die Pflanzen sich durch ihr Eigengewicht zum Boden neigen, sollten Rank-Möglichkeiten geboten werden. Ab Mitte September bilden sie die Knollen aus.
Die Ernte der Blumen und Blätter erfolgt fortwährend über die gesamte Saison hinweg, die Knollen werden meist im Oktober/November geerntet.

# Herzhaftes Mashua-Parfait

—— **mit Kapuzinerkresse-Sauce**

**Für 4 Portionen**
**Zeitbedarf:**
**ca. 15 Min.**
**+ ca. 25 Min. garen**
**+ ca. 1 Std. gefrieren (abhängig von der Eismaschine)**

**Zutaten:**
**Für das Parfait:**

- 600 g Mashua-Knollen
- 100 ml Sahne
- 50 g weiche Butter
- 1 gestr. TL Salz

**Für die Sauce:**

- 50 g Kapuzinerkresse (Blätter und Blüten)
- 2 EL Cashewnüsse
- 50 ml Pflanzenöl
- 100 ml Gemüsebrühe
- Salz

**1.** Für das Parfait den Backofen auf 180 °C (Umluft 160 °C) vorheizen.

**2.** Mashua-Knollen unter fließendem kalten Wasser gründlich mit Stahlwolle abbürsten, auf einem Backblech verteilen und ca. 25 Minuten im heißen Backofen garen. Durch eine Kartoffelpresse in eine Schüssel drücken und abkühlen lassen.

**3.** Sahne steif schlagen. Sahne mit Butter unter die Knollenmasse rühren und kräftig mit Salz abschmecken. Masse in eine Eismaschine geben und ca. 30 Minuten zu einem Parfait gefrieren lassen. (Gegebenenfalls im Gefrierschrank nachkühlen oder das Programm der Eismaschine zweimal laufen lassen.)

**4.** Für die Sauce Kresse abspülen und trocken tupfen. Ein paar Kresseblätter und 4 Blüten zum Garnieren beiseitelegen. Restliche Kresse mit Cashewnüssen und Öl im Mixer pürieren. Mit Gemüsebrühe glatt rühren, bis eine sämige Sauce entsteht. Mit Salz abschmecken.

**5.** Beiseitegelegte Kresseblätter und -blüten klein schneiden. Jeweils etwas Kapuzinerkresse-Sauce in 4 Dessertschälchen verteilen, das Parfait mit einem Eisportionierer daraufsetzen und mit Kresseblättern und -blüten garnieren. Restliche Sauce dazu reichen.

## —— Mein Tipp

Die Blüten und Blätter der Kapuzinerkresse können bei uns von Juli bis Oktober geerntet werden. Ich habe von dieser herrlich-scharfen Sauce immer einige Gläschen auf Vorrat parat. Sie können sie bei mir fertig kaufen (siehe Seite 154). Mashua-Knollen werden in Bolivien traditionell gefriergetrocknet gelagert bzw. gekocht und tiefgefroren als sogenanntes Pito-Eis konsumiert.

# Mashua-Beignets

## mit Zuckerrohr-Rum-Butter

**Für 4 Portionen**
**Zeitbedarf:**
**ca. 20 Min.**

**Zutaten:**
- 500 g Mashua-Knollen
- 1 EL weißer Zucker
- 150 ml brasilianischer Zuckerrohr-Rum (Pitú Cachaça)
- 1 EL brauner Zucker
- 50 g kalte Butter

**Für den Backteig:**
- je 50 g Mais- und Weizenmehl
- 100 ml Milch
- 2 Eier (Größe M)
- 1 TL Honig

- 300 ml Pflanzenöl zum Ausbacken

1. Mashua-Knollen unter fließendem kalten Wasser gründlich mit Stahlwolle abbürsten und diagonal in möglichst große 1 cm dicke Scheiben schneiden. 1 l Wasser mit weißem Zucker zum Kochen bringen. Mashua-Scheiben darin kurz blanchieren, mit kaltem Wasser abschrecken und abtropfen lassen. Mashua-Scheiben auf Backpapier mit einer Palette platt drücken und abkühlen lassen.

2. Rum in einem Topf bei geringer Hitze erwärmen, braunen Zucker darin auflösen und vom Herd nehmen. Butter in den warmen Rum geben und zu einer Sauce verrühren.

3. Für den Backteig beide Mehlsorten mit Milch, Eiern und Honig in eine Schüssel geben und zu einem Backteig verrühren.

4. Pflanzenöl in einer Pfanne erhitzen. Mashua-Scheiben im Backteig wenden und im heißen Öl ca. 2 Minuten knusprig braun ausbacken. Mashua-Beignets auf 4 Tellern anrichten und die Zuckerrohr-Rum-Butter dazu reichen.

**Beschreibung Pflanze und Knolle**

Die Erdbirne, eine der wenigen Hülsenfrüchtler die Milchsaft bilden, wächst in 2 bis 6 m langen Ranken mit wechselständigen 5- bis 7-fiedrig zusammengesetzten Blättern. In den Blattachseln bilden sich von August bis Oktober cremefarbene bis violette Schmetterlingsblüten, die nach Lilien duften. Die walnussgroßen Knollen wachsen an einer Kette und sind verdickte Rhizome mit brauner Haut, die sich abrubbeln lässt. Das Fleisch der Knollen ist roh viel fester als das von Kartoffeln, wird aber durch die Garung weich und sehr aromatisch.

# Erdbirne

**Apios americana**

## HERKUNFT

Die auch „Indianerkartoffel" genannte Leguminose stammt aus Amerika und war bei den eingeborenen Stämmen eine viel genutzte Pflanze. Ihre Knollen wurden als „Hopniss" bezeichnet und ihre essbaren Hülsenfrüchte wie Bohnen verwendet.
Ihr Verbreitungsgebiet liegt im Osten der USA von Kanada bis Florida und reicht westlich bis nach Colorado.

## GESCHICHTE

Als die Pilgerväter in Amerika ihren ersten Winter überstehen mussten und die Nahrung knapp wurde, lernten sie von ansässigen Indianern die Nutzung dieser Knolle kennen. Doch im Grunde war die Erdbirne immer nur als essbare Wildpflanze bekannt und wurde nur saisonal genutzt. Lediglich im Bürgerkrieg war das anders. Da war die Knolle auch für die Weißen als Notnahrung wichtig.
Obwohl die Kultur der Knolle auch vielerorts in Europa erprobt wurde, wie etwa anlässlich der Kartoffelfäule im Jahre 1845, setzte sie sich nie durch. Denn die mehrjährige Pflanze brachte erst nach 2 bis 3 Jahren lohnenswerte Erträge und war mit den hiesigen Anbaufolgen nicht vereinbar. Erst in den achtziger Jahren wurden an verschiedenen amerikanischen Universitäten Züchtungen entwickelt. Seitdem ist die Erdbirne zumindest als Zierpflanze erhältlich. Einen wirtschaftlich bedeutenden Anbau gibt es lediglich in Japan und Südkorea, wo die Pflanze Anfang des letzten Jahrhunderts eingeführt wurde und sie in bestimmten Regionen als Spezialität gilt.

## VORTEILE FÜR DIE ERNÄHRUNG

Im Vergleich zur Kartoffel enthält die Erdbirne fast dreimal so viel Eiweiß und zehnmal so viel Kalzium. Auch ihre Stärkekörnung, die unsere Darmflora anregt, unterscheidet sich deutlich von der der Kartoffel. Vor allem aber liefert sie noch weitgehend unerforschte biosekundäre Inhaltsstoffe, wie beispielsweise Isoflavone, die wirksam vor Krebs schützen.

## VORTEILE FÜR DIE LANDWIRTSCHAFT

Forschungen der letzten dreißig Jahre haben gezeigt, dass die Erdbirne durchaus mit der Kartoffel konkurrieren könnte und ihr Anbau bereits nach wenigen Jahren durch Selektion beträchtliche Ernteergebnisse erzielen würde. Daher wird die Erdbirne von Fachleuten als eine der 4 vielversprechendsten neuen Kulturpflanzen bezeichnet.

## ANBAU

Verschiedene deutsche Gärtnereien bieten die Pflanze im zeitigen Frühjahr an. Im ersten Jahr ist man dabei abhängig von den jeweiligen Lieferterminen. Man setzt die Pflänzchen in Kübel in Blumenerde mit einem Viertel Sandanteil. Das erleichtert die Ernte. Dazu kommt eine mindestens 2 m hohe Rankstange oder ein 1 bis 2 m² großes Gitter. Im Laufe des Sommers treiben mehrere Nebensprossen aus und winden sich gegen den Urzeigersinn um jede Rankmöglichkeit. An einem sonnigen Standort wächst die Pflanze bis zum ersten Frost, und nachdem die Ranken vertrocknet sind, zieht man die Knollen in einer Kette vorsichtig aus dem Boden. Dabei empfiehlt es sich, die Erde vorher mit einer Schaufel zu lockern. In einer luftigen Holzkiste können die Knollen bis zum Frühjahr an einem kühlen Ort gelagert werden. Im zweiten Jahr lässt sich die Vegetationsphase der Pflanze verlängern, indem man die Knollen schon im März indoor vorkultiviert. Das regt die Knollenbildung an, da die Pflanze einfach mehr Zeit zur Entwicklung ihrer Biomasse hat. Aber man kann die Knollen auch einfach in der Erde lassen und an einem trockenen, vor Nässe geschützten Ort draußen überwintern. Dabei gieße ich die Pflanzen nach Ausbildung der Blüten kaum noch, weil sie in unseren Breiten sowieso keine Früchte bilden. So kann die Erde langsam austrocknen und die Knollen sind nicht allzu viel Feuchtigkeit ausgesetzt. Die ausdauernde Pflanze wird in der Regel auch winterhart, wenn sie den ersten Winter halbwegs geschützt übersteht.

## HINWEIS

Beim Verzehr von Erdbirnen kann es in 5 Prozent aller Fälle zu Unverträglichkeiten kommen. Erdnuss- und Soja-Allergikern rate ich davon ab, die Knollen zu essen.

# Gebackene Erdbirne

## mit Zuckerschotensalat

**Für 4 Portionen**
**Zeitbedarf:**
**ca. 35 Min.**
**+ ca. 30 Min. marinieren**

**Zutaten:**

- 500 g Erdbirnenknollen
- Salz
- 1-2 Stängel Thymian
- 30 g Butter
- grüner Pfeffer aus der Mühle
- 1 TL Butter für die Form
- Zucker
- 200 g Zuckerschoten
- 4 Strauchtomaten
- 1 Gemüsezwiebel
- 2 EL Balsamico-Essig
- 2 EL Pflanzenöl
- 1 TL Honig
- 1-2 Stängel Basilikum
- 100 g Kräuter-Crème-fraîche

1. Den Backofen auf 170 °C (Umluft 150 °C) vorheizen.

2. Erdbirnenknollen schälen, waschen und vierteln. In Salzwasser ca. 5 Minuten kochen, in ein Sieb geben und abtropfen lassen.

3. Thymian abspülen und trocken tupfen. Blättchen von den Stängeln zupfen und fein hacken. Erdbirnen mit Thymian wieder in den Topf geben, Butter hinzufügen und alles darin schwenken, gut salzen und pfeffern.

4. Eine Auflaufform mit Butter fetten. Erdbirnenmischung hineingeben, mit etwas Zucker bestreuen und ca. 20 Minuten im heißen Backofen backen.

5. In der Zwischenzeit von den Zuckerschoten die Enden abschneiden, evtl. abfädeln. Zuckerschoten waschen und schräg halbieren. Schoten in Salzwasser blanchieren und mit kaltem Wasser abschrecken. Tomaten waschen, vierteln, entkernen und die Stängelansätze herausschneiden. Tomatenviertel in ca. 3 mm dünne Streifen schneiden. Zwiebel abziehen, vierteln und in Streifen schneiden.

6. Essig, Öl und Honig in eine Schüssel geben, mit einem Cappuccino-Schäumer zu einem Dressing verrühren und gut abschmecken.

7. Basilikum abspülen und trocken tupfen. Blättchen von den Stängeln zupfen, ein paar zum Garnieren beiseitelegen. Restliche Basilikumblättchen übereinanderlegen und millimeterfein schneiden. Das vorbereitete Gemüse mit dem Dressing und dem fein geschnittenen Basilikum in einer Schüssel vermischen und den Salat ca. 30 Minuten darin marinieren.

8. Gebratene Erdbirnenknollen mit Zuckerschotensalat auf 4 Tellern anrichten, mit beiseitegelegten Basilikumblättchen garnieren und mit Kräuter-Crème-fraîche servieren.

# Gnocchi von der Erdbirne

## mit Beluga-Linsen-Creme und Erbsensprossen-Salat

**Für 4 Portionen**
**Zeitbedarf:**
**ca. 60 Min.**

**Zutaten:**
- 500 g Erdbirnenknollen
- 200 g festkochende Kartoffeln
- Salz
- 100 g Mehl
- 1 Ei (Größe M)
- 1 Eigelb (Größe M)
- 1 EL Butter

**Für die Beluga-Linsen-Creme:**
- 1 Zwiebel
- 1 Knoblauchzehe
- 1 EL Pflanzenöl
- 200 ml Gemüsebrühe
- 100 ml Sahne
- 50 g Beluga-Linsen
- 1 Pck. TK-Suppengrün (100 g)

**Für den Erbsensprossen-Salat:**
- 50 g Senfgurke (Glas)
- 1 EL Kräuter-Crème-fraîche
- ½ TL Honig
- 1 TL Pflanzenöl
- 1 TL getrocknete Salatkräuter
- Salz, grüner Pfeffer aus der Mühle
- 150 g Erbsensprossen (siehe Tipp)

**1.** Erdbirnenknollen und Kartoffeln gründlich waschen, in Salzwasser 15 bis 20 Minuten garen, etwas abkühlen lassen und pellen.

**2.** In der Zwischenzeit für die Linsencreme Zwiebel und Knoblauch abziehen und würfeln, 1 TL Zwiebeln für den Salat beiseitestellen. Pflanzenöl in einem Topf erhitzen. Restliche Zwiebeln darin anschwitzen und bräunen lassen. Knoblauch hinzufügen, mit Gemüsebrühe und Sahne aufgießen und zum Kochen bringen. Linsen und Suppengrün dazugeben und ca. 15 Minuten kochen lassen. Beluga-Linsen-Creme mit dem Pürierstab pürieren und warm stellen.

**3.** Erdbirnenknollen und Kartoffeln durch eine Kartoffelpresse in eine Schüssel drücken, Mehl, Ei und Eigelb hinzugeben und am besten mit den Händen zu einem glatten Teig verkneten. Teig auf einer leicht bemehlten Arbeitsfläche zu fingerdicken Rollen formen, in 3 cm lange Stücke schneiden und jedes Stück mit einer Gabelzinke etwas eindrücken.

**4.** Gnocchi in reichlich kochendem Salzwasser ca. 2 Minuten leicht kochen lassen, bis sie an die Oberfläche steigen. In einem Sieb abtropfen lassen, zurück in den Topf geben und in Butter schwenken.

**5.** Für den Erbsensprossen-Salat Senfgurke würfeln und in eine Schüssel geben. Beiseitegestellte Zwiebelwürfel, Crème fraîche, Honig und Öl dazugeben und mit dem Pürierstab pürieren. Salatkräuter unterrühren und das Dressing mit Salz und grünem Pfeffer abschmecken. Erbsensprossen abspülen, trocken tupfen, längs halbieren, zum Dressing geben und vorsichtig unterheben.

**6.** Gnocchi mit Beluga-Linsen-Creme auf 4 Tellern anrichten und mit Erbsensprossen-Salat servieren.

### Mein Tipp

Erbsensprossen gibt es in gut sortierten Lebensmittelgeschäften. Oder Sie lassen getrocknete ganze Erbsen (die für den Eintopf) 2 Tage in Wasser quellen und dann auf einem Lochblech keimen. Wenn der Spross 10 cm lang ist, schneiden Sie die gebildeten Wurzeln und Samenkörper ab und fertig sind ihre Erbsensprossen.

# Erdbirnen-Parfait

## mit Tonkabohnen-Rosen-Spiegel und Lupinenhippe

**Für 4 Portionen**
**Zeitbedarf:**
**ca. 90 Min.**
**+ ca. 15 Min. rösten**
**+ 1 – 2 Std. gefrieren (abhängig von der Eismaschine)**

**Zutaten:**
**Für das Parfait:**
- 300 g Erdbirnenknollen
- 130 g Zucker
- 300 ml Sahne
- 1 Eigelb (Größe M)

**Für die Tonkabohnen-Sauce:**
- 1 Tonkabohne
- 1 Eigelb (Größe M)
- 10 g Zucker
- 1 TL Vanillezucker
- 100 ml Milch
- 1 Prise Salz

**Für den Rosensirup:**
- 1 TL Zitronensaft
- 50 ml Wasser
- 10 g rote Rosenblüten
- 75 g Zucker
- 1 Prise Agar-Agar

**Für die Lupinenhippen:**
- 20 g Puderzucker
- 10 g Weizenmehl
- 10 g Lupinenmehl
- 1 TL Eiweiß
- 25 ml Milch

**1.** Für das Parfait den Backofen auf 180 °C (Umluft 160 °C) vorheizen. Ein Backblech mit Backpapier belegen. Erdbirnenknollen schälen, waschen und würfeln. Auf dem Backblech verteilen und ca. 15 Minuten im heißen Backofen rösten.

**2.** Geröstete Erdbirnenwürfel mit Zucker und Sahne in einen Topf geben und ca. 10 Minuten aufkochen lassen, bis die Knollen zerfallen. In ein hohes Gefäß (z. B. Messbecher) geben und mit dem Pürierstab pürieren. Dabei das Eigelb hinzugeben. Die Masse über Nacht abkühlen lassen, in eine Eismaschine geben und 1 bis 2 Stunden gefrieren lassen.

**3.** Für die Sauce die Tonkabohne auf einer Muskatreibe reiben. Eigelb mit Zucker und Vanillezucker in einer Rührschüssel verrühren. Milch mit Salz und geriebener Tonkabohne in einem kleinen Topf aufkochen. Die heiße Milch langsam unter die Eimischung rühren, wieder in den Topf gießen und nochmals vorsichtig erwärmen (aber nicht mehr kochen lassen!), bis die Sauce andickt. Die Sauce durch ein Sieb streichen und beiseitestellen.

**4.** Für den Rosensirup Zitronensaft mit Wasser in einem Topf zum Kochen bringen. Rosenblüten hinzufügen und aufkochen lassen. Den Sud durch ein Sieb in einen Topf abgießen, die Rosenblüten dabei gut ausdrücken. Zucker und Agar-Agar hinzufügen, unterrühren und zu einem Sirup einkochen lassen.

**5.** Den Backofen erneut auf 200 °C (Umluft 180 °C) vorheizen. Ein Backblech mit Backpapier belegen.

**6.** Für die Lupinenhippen alle Zutaten mit dem Handrührgerät in einer Schüssel zu einem glatten Teig verrühren und ca. 15 Minuten kalt stellen. Den Teig mit einem Esslöffel in 4 gleich großen, runden Häufchen auf das Backblech setzen, zu flachen Kreisen verstreichen und ca. 10 Minuten im heißen Backofen goldbraun backen. Die heißen Hippen aufrollen und abkühlen lassen.

**7.** Jeweils etwas Sauce und Sirup als Spiegel auf 4 Tellern verstreichen, 2 Kugeln Erdbirnen-Parfait daraufsetzen und mit 1 Hippe garniert servieren.

### HINWEIS

Die charakteristische süße Bittermandel-Vanillenote der Tonkabohne verfeinert vor allem Desserts. Die im Handel erhältlichen Bohnen enthalten aber auch eine Spur giftiges Cumarin und sollten deshalb nur ganz sparsam verwendet werden. Der Verzehr von mehr als 2 mg Tonkabohne pro Kilo Speise kann negative Gesundheitsauswirkungen haben.

# Noch mehr Knollen

——— Weitere Köstlichkeiten für besonders mutige und experimentierfreudige Genießer.

**„SOWOHL TAGLILIENKNOLLEN (OBEN)
ALS AUCH KNOLLENZIEST (RECHTS) HALTEN GESCHMACKLICH,
WAS SIE OPTISCH VERSPRECHEN."**

—— Peter Becker

# Taglilie

——— Hemerocallis

## HERKUNFT

Sowohl der wissenschaftliche als auch der deutsche Name dieser Gattung leiten sich davon ab, dass die Einzelblüten der Pflanze nur einen Tag schön sind, bevor sie gleich wieder verwelken. Die *Hemerocallis*-Familie stammt ursprünglich aus dem eurasischen Raum, ihr Genzentrum liegt allerdings in China, wo sich die meisten Ursprungsarten finden.

## GESCHICHTE

Lange Zeit zählte man die Gattung zu den Liliengewächsen, heute wird sie der Familie der Grasbaumgewächse zugeordnet. Wann genau Taglilien vom Orient nach Europa eingeführt wurden, ist unklar. Erste Erwähnungen finden sich in einem Buch des belgischen Herbalisten Rembert Dodoens aus dem Jahre 1554. Während die Taglilie seitdem in Europa und Amerika als Schnittblume und Zierpflanze überaus beliebt ist und in tausenden Zuchtsorten kultiviert wird, wird sie in Ostasien ganz anders genutzt. In Korea beispielsweise hilft die Wurzel bei Verstopfungen und Lungenleiden. Und in China werden alle Pflanzenteile als Lebensmittel verwendet und in der Traditionellen Chinesischen Medizin als Heilpflanze gegen Schlaflosigkeit eingesetzt. Die Blätter der Taglilie dienen sogar zum Dachdecken traditioneller Häuser.

## VORTEILE FÜR DIE ERNÄHRUNG

„Ein Gemüse so edel wie Spargel", so werden die jungen Sprossen der Taglilie beschrieben. Triebe, Blätter, Knospen, Blüten und ihre Knollen bieten ein ganzheitliches, vollwertiges Spektrum an Nähr- und Vitalstoffen, die saisonal unseren Speiseplan aufwerten und unsere Küche enorm bereichern können.

## VORTEILE FÜR DIE LANDWIRTSCHAFT

Den Bioanbau von Taglilien zu fördern, hätte ökologische und ökonomische Vorteile für die Erzeuger. Da sich die Pflanze als Zier- und als Speisepflanze zweifach nutzen lässt, verdoppeln sich auch die Möglichkeiten ihrer Vermarktung. Außerdem bringt die Kultur der Taglilie (wie die jedes Gewächses) auch gleich ein ganzes Ökosystem mit sich, und das käme der Agrobiodiversität bei uns zugute, also der biologischen Vielfalt in unserer Landwirtschaft.

## WILDERNTE UND ANBAU

Taglilien sind wahrscheinlich schon seit dem Mittelalter eingebürgert und können deshalb in großen Horsten auftreten. Heute ist vor allem die Gelbrote Taglilie (*H. fulva*) vielerorts verwildert. Sie zu sammeln, würde ihre unplanmäßige Verbreitung einzudämmen helfen. Aber Vorsicht: Ihre Bestimmung muss hundertprozentig sicher sein, um sie nicht mit giftigen Liliengewächsen zu verwechseln!
Zuchtknollen können ab April gepflanzt werden. Als Standort sollte man möglichst eine sonnige Stelle mit gut durchlässigem Boden wählen. Nach der Blüte können die Wurzelstöcke zur Vermehrung geteilt werden, und selbstverständlich kann man die dicksten Taglilienknollen für die Küche ernten.

**Beschreibung Pflanze und Knolle**

Taglilien sind ausdauernde krautige Pflanzen, die häufig in sogenannten Nestern wachsen, also in großen Kolonien. An den Enden ihrer faserig-fleischigen und zusammenlaufender Wurzeln bilden sich Verdickungen, aus denen die Rhizome wachsen. Der Stängel hat nur bodennahe lange lineare Laubblätter, von denen sich immer zwei gegenüberstehen. Sie sind häufig umgebogen und laufen zur Spitze hin scharf zu. Die trichterförmigen Einzelblüten sind eintägig. Die Knollen werden in der Regel fingerdick mit glasig-weißem Fleisch, das nussig schmeckt.

# Gebratene Taglilienknolle

—— **mit Blüten-Chutney**

**Für 4 Portionen**
**Zeitbedarf:**
**ca. 40 Min.**

**Zutaten:**
- 200 g junge Taglilienknollen
- 100 g Babyspinat (alternativ Feldsalat)
- 100 g Babymaiskolben (Dose)
- 1 EL Pflanzenöl
- 50 ml Weißwein
- 2 EL geröstete und gesalzene Cashewnüsse (Dose)
- Salz, Cayennepfeffer

**Für das Chutney:**
- 1 rote Zwiebel
- 1 gelbe Chilischote
- 1 Stück Staudensellerie (ca. 10 cm)
- 1 TL Pflanzenöl
- 200 ml Orangensaft
- 30 g Gelierzucker 3:1
- 2 g Agar-Agar
- 2 EL Blütenessig (siehe Seite 153)
- 1 EL Gojibeeren (Asiamarkt, alternativ Rosinen oder Berberitzen)
- Salz, grüner Pfeffer aus der Mühle
- 5 Blättchen rotes oder Thai-Basilikum
- 30 g Brunellenblüten und Taglilienknospen (alternativ Rosenknospen und Gänseblümchen)

**1.** Taglilienknollen gut wässern und unter fließendem kalten Wasser gründlich abbürsten. Spinat verlesen, gründlich waschen, abtropfen lassen und fein hacken. Babymais längs vierteln.

**2.** Pflanzenöl in einer Pfanne erhitzen. Knollen darin scharf anbraten, mit Weißwein ablöschen und bei geringer Hitze ca. 10 Minuten dünsten. Spinat, Mais und Cashewnüsse hinzufügen, mit Salz und Cayennepfeffer würzen und durchschwenken. Knollen abdecken und warm stellen.

**3.** Für das Chutney Zwiebel abziehen und halbieren. Chilischote waschen, entstielen, längs aufschneiden und entkernen. Staudensellerie putzen und waschen. Zwiebel, Chili und Sellerie in 3 mm dünne Scheiben schneiden.

**4.** Pflanzenöl in einer Pfanne erhitzen. Gemüse darin anschwitzen. Orangensaft mit Gelierzucker und Agar-Agar verrühren. Gemüse mit Blütenessig ablöschen und mit Orangensaft auffüllen. Beeren hinzugeben und ca. 5 Minuten kochen lassen. Mit Salz und grünem Pfeffer abschmecken und abkühlen lassen.

**5.** Basilikum abspülen, trocken tupfen, klein hacken und mit den Blüten und Knospen unter das abgekühlte Chutney rühren. Gebratene Taglilienknollen auf 4 Tellern anrichten und mit Blüten-Chutney servieren.

# Knollenziest

*Stachys affinis*

## HERKUNFT

Verwandt mit den heimischen Wald- und Sumpfziest-Arten stammt der Knollenziest ursprünglich aus Nordchina, andere Quellen dagegen nennen Japan als Heimat. Der winterharte, ausdauernde Lippenblütler gedeiht an Berghängen, verträgt viel Feuchtigkeit und findet sich in Höhenlagen von bis zu 3200 m. Außerhalb seiner Heimat wird er heute hauptsächlich in Australien, Frankreich, Belgien und der Schweiz kultiviert.

## GESCHICHTE

Bereits von den alten Germanen wurden verschiedene Ziest-Arten als Heilpflanze und Lebensmittel genutzt: So war der Sumpfziest, der ebenfalls essbare Knöllchen hervorbringt, ein gängiges Wildgemüse für die längste Zeit der mitteleuropäischen Evolution – genau wie der exquisite Knollenziest mit seinen prägnant eingeschnürten Knollen. Die „Chinesische Artischocke" oder „Japanische Kartoffel" ist hierzulande auch als „Crosne" bekannt, weil sie 1889 zuerst in Frankreich eingeführt wurde und vor allem in der gleichnamigen Stadt nahe Paris in großem Umfang angebaut wurde. Bis 1920 war sie auch in mehreren anderen europäischen Ländern sehr beliebt. Da ihr Anbau aber schwierig ist und die Knöllchen schnell verderben, konnte sich der Knollenziest nie wirklich etablieren und war lange Zeit in Vergessenheit geraten. Seit rund 25 Jahren wird er nun wieder populärer, und in der amerikanischen Spitzengastronomie zahlt man Höchstpreise für diese außergewöhnliche Delikatesse.

## VORTEILE FÜR DIE ERNÄHRUNG

Da der Knollenziest das einzige Gemüse dieser Pflanzenfamilie ist, das bei uns angebaut werden kann, sind seine Knöllchen etwas ganz Besonderes. Die knackig-saftigen Knöllchen können roh im Salat oder gekocht bzw. gebraten verzehrt werden. Sie sind für Diabetiker besonders gut verträglich, da sie keine Stärke einlagern, sondern das Polysaccarid Stachyose, das mehr als 60 Prozent der Knollentrockenmasse ausmacht.

## VORTEILE FÜR DIE LANDWIRTSCHAFT

Knollenziest lässt sich in Gebirgslagen kultivieren und verspricht hohe Kilopreise. Deshalb wäre es trotz der aufwendigen Ernte sinnvoll, auch bei uns den Anbau dieser Pflanze zu fördern.

## WILDERNTE UND ANBAU

Weil sich der Knollenziest stark wuchernd ausbreitet, ist er in Europa als invasiver Neophyt (gebietsfremder Eindringling) gelistet, dessen Wildernte hilft, seine Bestände zu kontrollieren.
Um das Gemüse einfacher ernten zu können, wird es in aufgeschütteten Dämmen mit sandiger Erde angebaut. Ab April setzt man 3 Knollen in 10 cm Tiefe mit einem Abstand von 50 cm. Die Ernte erfolgt ab November. Restknollen, die man nicht verarbeiten kann, vergräbt man in mäßig feuchter Erde, überwintert sie in einer Kiste im Gartenschuppen und zieht sie ab Februar im Haus vor.

**Beschreibung Pflanze und Knolle**

Die ausdauernd krautige Pflanze bildet einen vierkantigen Stängel mit gegenständigen, nesselartigen Blättern sowie endständige rote bis violette Lippenblüten. Sie erreicht eine Wuchshöhe von 30 bis 120 cm. Die bis zu 8 cm langen Speicherrhizome sind perlmuttfarben und erinnern an eine Perlschnur, eine fette weiße Raupe oder die Rassel einer Klapperschlange. Ihr Geschmack ist sehr mild und ähnelt dem von Artischocken oder Schwarzwurzeln.

# Basilikum-Sahne-Stachys

**Für 4 Portionen**
**Zeitbedarf:**
**ca. 20 Min.**

**Zutaten:**
- 600 g Knollenziest
- Salz
- 1 TL Butter
- 1 Zwiebel
- 400 ml Sahne
- 10 blühende Triebenden Thai-Basilikum
- grüner Pfeffer aus der Mühle

**1.** Knollenziest unter fließendem kalten Wasser gründlich abbürsten und die Enden abschneiden. In 1 Liter Salzwasser kurz blanchieren und mit kaltem Wasser abschrecken.

**2.** Butter in einem Topf zerlassen. Zwiebel abziehen, fein würfeln und in der Butter andünsten. Mit Sahne aufgießen, aufkochen und ca. 5 Minuten bei geringer Hitze einkochen lassen.

**3.** Die Knollen hinzufügen und weitere 5 Minuten köcheln lassen. Basilikumblüten abzupfen. Knollenziest mit Salz und Pfeffer abschmecken und mit zwei Dritteln der Blüten durchschwenken. Auf 4 Tellern anrichten, mit den restlichen Blüten bestreuen und servieren.

Dazu passt frisches Baguette.

## Mein Tipp

Zu Großmutters Zeiten war Knollenziest unter dem Namen Stachys bekannt und wurde gerne in Sahne geschmort. Mit den Blüten des thailändischen Basilikums gewürzt, wird daraus ein unvergleichlicher Genuss.

# Lotuswurzel

**Nelumbo nucifera**

**Beschreibung Pflanze und Knolle**

Die Indische Lotosblume ist eine ausdauernde, krautige Wasserpflanze. Ihre schildförmigen, runden Blätter können einen Durchmesser von mehr als 60 cm erreichen und haben einen bis zu 2 m langen Stiel. Aus ihren meist rosa Blüten bilden sich grüne Fruchtkapseln mit schwarzen Samen. Über Ausläufer wachsen die bis zu 120 cm langen Wurzelknollen, deren Haut dieselbe Farbe hat wie das Fleisch. Das Fleisch ist oft mit schwarzen Augen bedeckt oder braun überlaufen, als ob es geschält oxidiert wäre. Die charakteristischen Löcher im Fleisch dienen der Lüftung.

## HERKUNFT

Die Nationalpflanze Indiens und Vietnams wird von Buddhisten und Hindus gleichermaßen verehrt. Sie hat ihr Ursprungsverbreitungsgebiet in Südostasien und wird heute weltweit in tropischen und subtropischen Ländern angebaut. Vor allem in Asien schätzt man die nusstragende, rosablühende Lotosblume als Lebensmittel. Daneben gibt es noch die weißblühende, amerikanische Lotosblume, die im Osten der USA heimisch ist.

## GESCHICHTE

Bekannt durch die Schönheit ihrer Blüten und als Teichpflanze, ist der Lotus bei uns hauptsächlich durch den wasserabweisenden Effekt seiner Blätter von Bedeutung. Die einzigartige Oberflächenstruktur seiner Blätter steht in der nanotechnischen Bionik Pate, um verschiedenste Anwendungen zur Selbstreinigung zu entwickeln. Diese Struktur schützt das Gewächs zudem wirkungsvoll vor Pilzen und anderen Schädlingen.
In Asien wird die Lotuswurzel vielfältig genutzt: Ihre Blätter, Blüten, Samen und Wurzeln werden in der traditionellen Küche und als Arznei in der Heilkunde verwendet, ihre Fasern zu Seide versponnen. Auch die amerikanische Art wurde schon von Indianern als Lebensmittel genutzt. Die getrockneten Fruchtschoten sind beliebt in der Floristik.

## VORTEILE FÜR DIE ERNÄHRUNG

Die Formschönheit der frischen Wurzeln ist auf dem Teller eine echte Augenweide. Die zarten Blütenblätter schmecken als Blattgemüse, und die Samen werden geschält und gesalzen als Snack verzehrt oder wie die Wurzeln zu Mehl verarbeitet. Dabei reguliert die Lotuswurzel den Cholesterin- und Blutzuckerspiegel, stärkt das Immunsystem und hilft bei Durchfall. Ihre Samen haben eine entzündungshemmende Wirkung, die in der Krebstherapie eingesetzt wird.

## VORTEILE FÜR DIE LANDWIRTSCHAFT

In tropischen Ländern könnte es neue Märkte eröffnen, wenn Lotuswurzeln in Mitteleuropa als Lebensmittel stärker nachgefragt würden. Generell ist es einer Zukunftsprognose zufolge wichtig für unsere Nahrungsmittelerzeugung, Wasserpflanzen landwirtschaftlich produktiv, ökologisch und nachhaltig anzubauen. Und diese außergewöhnliche Wasserpflanze kann dabei noch so viel mehr: Sie bildet Samen, die über Jahrhunderte keimfähig bleiben und selbst radioaktive Strahlung unbeschadet überstehen, und sie hat die Fähigkeit, ihre Temperatur zu regulieren. All das könnte durch eine größere Nachfrage in seiner biochemischen Wirkung gründlicher erforscht werden.

## ANBAU

Die Kultur der Lotuswurzel als Lebensmittel erfolgt an Teichen, Seen, Flussufern und überfluteten Feldern in China, Indien, Malaysia, Japan, Korea, Taiwan, Vietnam und Hawaii. Der Anbau der amerikanischen Lotosblume wäre auch in unserem Breiten möglich.

# Pfannengerührte Lotuswurzel

## mit Austernpilzen und Sesam

**Für 4 Portionen**
**Zeitbedarf:**
**ca. 20 Min.**

**Zutaten:**
- 2 Lotuswurzel-Rhizome (je 150 g)
- 2 EL Wasser
- 100 ml Reisessig
- 100 g Austernpilze
- 3 Bund Frühlingszwiebeln
- 3 Knoblauchzehen
- 20 g Ingwer
- 1 rote Chilischote
- 2 EL Sesamöl
- 2 TL Sesamsamen
- 2 EL Sojasauce
- Salz, grüner Pfeffer aus der Mühle

**1.** Lotuswurzeln schälen, waschen und in 3 mm dünne Scheiben schneiden. Mit Wasser und Reisessig in eine Schüssel geben, damit sie nicht braun werden.

**2.** Austernpilze putzen, evtl. kurz abspülen, gut abtropfen lassen und in dünne Streifen schneiden. Frühlingszwiebeln putzen, waschen und grob hacken. Knoblauch abziehen, Ingwer schälen und beides fein würfeln. Chilischote waschen, entstielen, längs aufschneiden, entkernen und in feine Streifen schneiden.

**3.** Sesamöl in einer großen Pfanne erhitzen. Ingwer und Knoblauch darin glasig dünsten. Lotusscheiben gut abtropfen lassen, hinzugeben und bei großer Hitze von beiden Seiten ca. 2 Minuten darin braten.

**4.** Pilze, Chili, Frühlingszwiebeln und Sesamsamen hinzugeben und unter ständigem Rühren darin gut braten.

**5.** Sojasauce hinzufügen und Lotuswurzeln leicht karamellisieren lassen. Mit Salz und Pfeffer würzen.

Dazu passt Basmatireis.

# Yambohne

**Pachyrhizus erosus**

**Beschreibung Pflanze und Knolle**

Die mehrjährige, starkwüchsige und krautige Kletterpflanze bildet langstielige dreigeteilte Blätter und achselständige bis zu 50 cm lange weiße oder violette Blütentrauben, aus denen sich die fein behaarten, bräunlichen Schoten bilden. Ihre breit eiförmig bis kreiselförmigen Knollen haben eine ungenießbare, hellbraune Schale und cremeweißes Fleisch von rettichartiger Konsistenz mit erdig-süßem Geschmack.

## HERKUNFT

Die Yambohne gehört zur Familie der Hülsenfrüchtler und hat ihren Ursprung in Mexiko, wo sie „Jicama" (Schmeckendes) genannt wird. Von den sechs Arten der Gattung *Pachyrhizus* werden drei Arten als Lebensmittel genutzt: neben der Yambohne noch *P. ahipa* in den Hochanden und *P. tuberosus* im Amazonasgebiet.

## GESCHICHTE

Die Yambohne wird in Mexiko, Mittelamerika und in der Karibik seit der Antike kultiviert. Die Spanier führten die Pflanze im 16. Jahrhundert auf den Philippinen ein, und seitdem hat sie sich nach Indonesien, in den Fernen Osten und nach Westafrika verbreitet. Heute wird die Pflanze besonders in Südostasien und China angebaut. Ihre roh sehr giftigen Samen enthalten Rotenon, das als Gift zum Fischfang verwendet wird und auch als Insektizid sehr wirksam ist.

## VORTEILE FÜR DIE ERNÄHRUNG

Die bis zu 20 kg schweren, rübenartigen Knollen sind ein eiweißreiches und saftiges Gemüse, das sowohl roh als auch gegart auf den Tisch kommen kann. Die Knollen verkochen nicht, sondern bleiben schön knackig und saftig. Sie enthalten Kalzium, Phosphor und Vitamin C. Ältere Knollen werden sehr faserig und bilden viel Stärke, aus der falsches Pfeilwurzelmehl hergestellt wird. Bis auf die Blüte der Pflanze gelten alle oberirdischen Teile als giftig. Die reifen Samen werden wegen ihrer für Fische giftigen Wirkung zum Fischfang genutzt und dienen auch als Heilmittel für Menschen: Gemahlen und mit Schwefel gemischt helfen sie gegen Hauterkrankungen.

## VORTEILE FÜR DIE LANDWIRTSCHAFT

Seit den Mayas bauen Indianer in Mittelamerika Yambohnen in einer Symbiose von Kürbis und Mais an (Milpa-Kultur). Durch eine vermehrte Nachfrage könnten wir dort eine landwirtschaftlich produktive, ökologische und nachhaltige Landwirtschaft fördern: Yambohnen liefern dem Mais nämlich durch ihre Stickstoff fixierenden Wurzeln Dünger; an den Maispflanzen winden sich die Sprossen der Yambohnen hoch und der Boden ist durch die Blätter der Kürbispflanzen vor dem Austrocknen geschützt.

## ANBAU

Die Yambohne gedeiht am besten im tropischen Klima. Sie benötigt einen lockeren Boden, viel Sonne und Rankhilfen. Ihre Knollen bilden sich, sobald die Tageslänge abnimmt. Geschmack und Größe der Wurzeln lassen sich positiv beeinflussen, indem man die Blüten- und Fruchtbildung unterbindet. An geeigneten Standorten kann die Yambohne auch in gemäßigten Breiten angebaut werden, doch sollte man dazu die Knollen schon im Februar keimen lassen, im Haus vorkultivieren und nach dem letzten Frost auspflanzen.

## HINWEIS

Beim Verzehr von Yambohnen kann es in 5 Prozent aller Fälle zu Unverträglichkeiten kommen. Erdnuss- und Soja-Allergikern rate ich davon ab, die Knollen zu essen.

# Bunter Yambohnensalat

## —— mit gegrillten Portobello-Pilzen und Honig-Limetten-Dressing

**Für 4 Portionen**
**Zeitbedarf:**
**ca. 30 Min.**
**+ ca. 60 Min. marinieren**

**Zutaten:**

- 4 mittelgroße Portobello-Pilze (Riesen-Champignons, ø ca. 8 cm)
- 1 Stängel Petersilie
- 3 EL Sojasauce
- 4 EL Sesamöl
- Salz, grüner Pfeffer aus der Mühle
- 400 g Yambohnenwurzel (2 mittelgroße Knollen)
- 1 rote Paprikaschote
- 1 grüne Chilischote (Jalapeño)
- 1 kleine rote Zwiebel
- 50 g Löwenzahnblätter
- 4 Limetten
- 1 EL Honig

**1.** Portobello-Pilze putzen und mit Küchenpapier abreiben. Petersilie abspülen und trocken tupfen. Blättchen von den Stängeln zupfen und fein hacken. Sojasauce mit Sesamöl und Petersilie in einer Schüssel verrühren und mit Salz und Pfeffer abschmecken. Pilze in eine Schale setzen, mit der Marinade bestreichen und ca. 60 Minuten marinieren.

**2.** In der Zwischenzeit Yambohnenwurzel schälen, waschen und in 5 mm dicke Streifen schneiden. Paprikaschote halbieren, entstielen, entkernen und die weißen Scheidewände entfernen. Schoten waschen und in kleine Würfel schneiden. Chilischote waschen, entstielen, längs aufschneiden, entkernen und ebenfalls klein würfeln. Zwiebel abziehen, halbieren und in 2 mm dicke Streifen schneiden. Löwenzahnblätter abspülen, trocken tupfen und grob hacken. Die vorbereiteten Salatzutaten in eine Salatschüssel geben.

**3.** 2 Limetten halbieren und den Saft auspressen. Die restlichen Limetten so schälen, dass die weiße Haut vollständig mitentfernt wird. Die Filets herausschneiden und zu den Salatzutaten geben.

**4.** Die Pilze aus der Schale nehmen (dabei die Marinade auffangen) und von jeder Seite ca. 1 Minute grillen. (Oder die Pilze mit 1 TL Pflanzenöl in einer Pfanne von jeder Seite ca. 1 Minute scharf anbraten.)

**5.** Die Marinade mit Limettensaft und Honig verrühren, über die Salatzutaten geben und alles vorsichtig vermengen. Den Yambohnensalat mit den Pilzen auf 4 Tellern anrichten und servieren.

# Melloco

—— **Ullucus tuberosus**

## HERKUNFT

Die auch „Knollenbaselle" genannte Kulturpflanze aus Südamerika ist mit dem Madeira-Wein, dem Malabar- und dem Ceylon-Spinat verwandt. Ihr Ursprungsverbreitungsgebiet liegt in den Hochanden von Venezuela, Ecuador, Bolivien, Kolumbien, Peru und Argentinien. Neben den aufrecht wachsenden Kultursorten gibt es eine kriechende Unterart: Die Ranke *Ullucus tuberosus ssp. aborigineus* wächst wild und kann wohl als Urahn der Art gelten.

## GESCHICHTE

Seit mindestens 4000 Jahren wird das Gewächs in seiner Heimat angebaut. Dabei ist es im Vergleich zu den zuvor genannten Andenknollen das widerstandsfähigste, um im rauen Gebirgsklima zu gedeihen. Bis in Höhenlagen von 4000 m reichen die Anbaugebiete. Melloco wird in Peru zu Konserven verarbeitet und frisch in städtischen Supermärkten angeboten. Versuche, die Pflanze anlässlich der Kartoffelfäule in Europa zu kultivieren, scheiterten aber ebenso wie ihre Einführung in Sri Lanka. Seit einiger Zeit wird der Anbau in Neuseeland erprobt.

## VORTEILE FÜR DIE ERNÄHRUNG

Traditionell wird von der Melloco-Pflanze neben den Knollen auch ihr sukkulentes Laub gegessen, das mit Spinat vergleichbar ist. Aus ein und derselben Pflanze kann man also eine vollwertige Mahlzeit aus Blattgemüse und Stärkebeilage zubereiten. Basellgewächse stehen hierzulande fast gar nicht auf dem Speiseplan und ihr artenspezifischer Nährwert und ihre möglichen Heilwirksamkeiten sind praktisch unerforscht. Dabei sind die leckeren kleinen Knollen wie bunte Bonbons ein Blickfang auf dem Teller. Kurz gedämpft mit einer Essigmarinade, lässt sich ein Kartoffelsalat mit ganzen Früchten servieren, dessen wasserlöslichen und hitzelabilen Inhaltsstoffe weitgehend erhalten bleiben.

## VORTEILE FÜR DIE LANDWIRTSCHAFT

Die robuste Gebirgspflanze bringt in Gebirgslagen höhere Erträge als Kartoffeln, sie ist leicht zu kultivieren und kann nach ca. 6 Monaten geerntet werden. Melloco-Knollen könnten also als attraktives Nischenprodukt für die gehobene Gastronomie einen lukrativen neuen Markt darstellen.

## ANBAU

Jungpflanzen des leicht zu ziehenden essbaren Knollengewächses kann man im Frühjahr bei zahlreichen Online-Gärtnereien bestellen und ab Mai mit einem Abstand von 50 cm auspflanzen. Es empfiehlt sich, die Pflanzen 2 bis 3 cm tiefer zu setzen, dann entwickeln sie sich stärker. Der Boden sollte mit Sand und Kompost gelockert und zunächst halbtägig beschattet sein. Ab August ist es ratsam, die Pflanze zu beschatten. Das regt die Knollenbildung an. Beim ersten Nachtfrost deckt man die Pflanzen am besten mit Vlies ab. Da die Melloco-Knollen erst mit kürzer werdenden Tagen wachsen, sollte man sie nicht vor November ernten. Sonst lohnt sich die Ernte kaum.

**Beschreibung Pflanze und Knolle**

Der mehrjährige laubabwerfende Strauch kann bis zu 1 m hoch werden und bildet sukkulente Triebe mit fleischigen herzförmigen Blättern. Es gibt zwei Sorten: Die aufrecht wachsende mit bräunlichen Stängeln bildet gelbe Blüten und die kriechende mit rötlichen Stängeln rote Blüten. Die rundlichen oder länglichen Knollen sind glatt, glänzend und je nach Sorte weiß-rot überlaufen, gelb, blassgrün oder rotgrün gesprenkelt. Manche Sorten sind roh sehr lecker, andere schmecken nur gekocht.

# Melloco-Schaschlikspieße

— mit Orangen-Chili-Sugo

**Für 4 Portionen**
**Zeitbedarf:**
**ca. 30 Min.**

**Zutaten:**
- 16 frische Perlzwiebeln
- Salz
- 16 kleine Melloco-Knollen
- 2 orange Chilischoten
- 1 Schalotte
- 1 EL Butter
- 1 gestr. TL Speisestärke
- 500 ml Orangensaft
- grüner Pfeffer aus der Mühle
- 1 Stängel Petersilie
- 1 EL Sojasauce
- 2 EL Pflanzenöl
- 4 kleine Champignons
- 4 Schaschlikspieße (21 cm lang)
- 250 g Babyspinat
- 1 Tomate
- 1 orange Paprikaschote

1. Perlzwiebeln putzen und in Salzwasser ca. 7 Minuten vorgaren. Melloco-Knollen putzen, waschen und nach 3 Minuten mit den Zwiebeln garen. Beides herausnehmen und beiseitestellen.

2. Chilis waschen, entstielen, längs aufschneiden, entkernen und in feine Streifen schneiden. Schalotte abziehen und würfeln. Butter in einer Pfanne zerlassen und Chilis und Schalotte darin anschwitzen. Speisestärke mit Orangensaft glatt rühren und die Chilimischung damit ablöschen. Zum Kochen bringen, ca. 5 Minuten köcheln lassen und pürieren. Sugo mit Salz und Pfeffer abschmecken.

3. Petersilie abspülen und trocken tupfen. Blättchen von den Stängeln zupfen, klein hacken und mit Sojasauce und Öl zu einer Marinade verrühren.

4. Champignons putzen, mit Küchenpapier abreiben und vierteln. Pilze, Knollen und Perlzwiebeln abwechselnd auf die Spieße stecken und mit etwas Marinade bepinseln. Schaschlikspieße auf dem Grill oder in der Pfanne von allen Seiten 7 bis 10 Minuten braun braten.

5. Spinat waschen und trocken tupfen. Tomate waschen, häuten, halbieren, entkernen und die Stängelansätze herausschneiden. Tomaten klein würfeln. Spinat mit Tomaten und der restlichen Marinade vermischen.

6. Paprika halbieren, entstielen, entkernen und die weißen Scheidewände entfernen. Schoten waschen und würfeln. Die Grillspieße mit dem Salat auf 4 Tellern anrichten, großzügig mit dem Sugo beträufeln und mit Paprikawürfeln garnieren.

# Essige, Marmeladen & Co.

## BLÜTENESSIG

Von Juli bis Oktober ist Erntezeit für die Blüten des Indischen Springkrauts, das bei uns an den meisten Bächen wächst und großflächig unsere heimische Flora verdrängt. Mit jeder geernteten Blüte dieser als Schädling geltenden Pflanze verhindert man die Bildung einer Springkrautfrucht mit bis zu 15 Samen und schützt unsere heimische Pflanzenvielfalt.
Für einen würzigen Blütenessig 500 ml weißen Balsamico-Essig in einem Topf aufkochen und 50 g Springkrautblüten dazugeben, abkühlen lassen und durch ein Sieb abseihen. Rote Wildrosen- oder Klatschmohnblüten lassen sich auf die gleiche Weise verarbeiten.

## BEERENESSIG

Im Sommer pflege ich immer alle Beeren, die ich so finde (wie z. B. Walderdbeeren, Brombeeren oder Johannisbeeren) in weißen Basalmico-Essig einzulegen, den ich vor der Verwendung püriere.

## BRENNNESSEL-MARMELADE

100 g Brennnesseltriebspitzen von jungen Nesseln mit Handschuhen ernten, mit 150 ml Apfelsaft und 100 g Gelierzucker 3:1 in einem Topf pürieren und ca. 4 Minuten kochen lassen. Heiß in sterile Gläser füllen.

## HAGEBUTTEN-CHUTNEY

Um die Reife von Hagebutten zu prüfen, drehen Sie die Früchte am Strauch zwischen den Fingern. Fühlen sie sich hart an, sind sie noch unreif. Ist ihr Fruchtfleisch allerdings weich und löst sich vom Kern, sind sie reif. Für das Hagebutten-Chutney Hagebutten der Länge nach halbieren, die Kerne mit einem Kugelausstecher herausschaben und die Fruchthälften klein schneiden.
1 EL Pflanzenöl in einer Pfanne erhitzen. 100 g Hagebutten, 1 in Streifen geschnittene rote Zwiebel, je 1 fein gewürfelte Knoblauchzehe und Chilischote sowie 10 g gehackten Ingwer darin anschwitzen, mit 300 ml Ananassaft ablöschen und ca. 5 Minuten kochen lassen. 1 in 1 cm dicke Scheiben geschnittene Frühlingszwiebel und 10 geviertelte Physalis hinzugeben und noch einmal aufkochen lassen. 2 EL Blütenessig (siehe oben) und 1 TL Honig hinzufügen und mit Salz abschmecken.

# Bezugsquellen & Literatur

## BEZUGSQUELLEN

Taro, Wasserkastanien, Yamswurzeln, Maniok und Lotuswurzel bekommen Sie in Asiamärkten, Dahlien und Taglilien am besten in Gärtnereien.

### Gärtnerei Rosengarten

Frische Yaconknollen
rosengarten@web.de

### Lindenbrunnenhof

Frisch geerntete Bataten, Mashua und Knollenziest
www.lindenbrunnenhof.de

### Rühlemann`s

Pflanzen und Saatgut von Yacon, Oca, Yamswurzel, Taglilie, Yambohne, Erdmandel und Melloco
www.kraeuter-und-duftpflanzen.de

### Kräutergärtnerei Helenion

Erdbirne, Knollenziest, Topinambur, Taglilien
www.helenion.com

### Erdmandelprodukte

www.tigernuss.de

### Tartuffli´s

Trüffelkartoffeln, Yamswurzel, Maniok
www.erlesene-kartoffeln.de

### Mein Online-Shop

www.newtritionink.de

Weitere Bezugsquellen, Infos und Veranstaltungshinweise
Cucina Tuberosa: www.newtritionink.de

## WEITERFÜHRENDE LITERATUR

Lühr, Henning/Spielhoff, Lothar/Reinfeldt, Udo: **Internationales Knollen- und Wurzelkochbuch,** 176 Seiten, 2015, Kellner Verlag

Schubert, Sonja/Lutterbeck, Barbara: **Süßkartoffel: Aromatisch, vielseitig, trendig.** 50 raffinierte Rezepte, 84 Seiten, 2010, Edition Styria

Walker, Herbert: **Süßkartoffel-Vielfalt mit Pfiff,** 2006, Wabe-Verlag

Willhöft, Angelika: **Topinambur – Mal was anderes probieren!**, 44 Seiten, 2014, Landhaus-Team

Elliott, Dough: **Wild Roots,** 128 Seiten, 1995, Healing Arts Press

Hanson, Beth (Editor): **Buried Treasures: Tasty Tubers of the World,** 119 Seiten, 2007, Brooklyn Botanic Garden

Kay, Daisy E.: **Root Crops,** 380 Seiten, 1987, Tropical Development and Research Institute

Morgan, Diane: **Roots: The Definitive Compendium,** 429 Seiten, 2012, Chronicle Books LLC

# Rezeptregister

# Register von A – Z

# Akteure

**Peter Becker** ist AEVO geprüfter Koch, Gesundheitsberater für Ernährung, Wildkräuterdozent und Leiter der Wildkräuter-Werkstatt im Campus Klarenthal in Wiesbaden. Um neue Lebensmittelressourcen vorzustellen, gründete er schon im Jahre 2000 NewTritionInk, seit 2005 vermarktet er in seiner Knöterich-Manufaktur invasive Neophyten und andere Unkräuter. In seinen Büchern, Seminaren, Kochevents und mit seinen Produkten bereitet er Wege zur Ernährungswende.

**Anne Rogge** und **Jan Jankovic** sind Diplom-Fotodesigner aus Köln. Gemeinsam führen sie das Fotostudio Rogge & Jankovic Fotografen mit den Schwerpunkten Food, Stills und Places. Für ihr Kochbuch „Herbst Winter Gemüse", im KOSMOS Verlag erschienen, wurde Anne Rogge 2008 in der Kategorie Fotografie mit dem Gourmand Cookbook Award ausgezeichnet. Beide sind davon fasziniert, Gemüse zu fotografieren und die Besonderheiten der Farben, Formen und Strukturen auf ganz besondere Weise festzuhalten.

Der Verlag bedankt sich für die Unterstützung mit Produkten bei der Fotoproduktion bei „Evers & Tochter Manufaktur" aus Lübeck, www.eversundtochter.de.

# Impressum

Umschlaggestaltung von Gramisci Editorialdesign, Cornelia Sekulin, München unter Verwendung eines Farbfotos von Rogge & Jankovic Fotografen.
Das Foto zeigt verschiedene Knollen.

Mit 87 Farbfotos von Rogge & Jankovic Fotografen und 18 Schwarz-Weiß-Zeichnungen von Maren Profke.

Rezepte, Geling-Tipps, Infos zum KOSMOS-Kochbuch-Programm und vieles mehr unter **kosmos.de/kochen**

Unser gesamtes Programm finden Sie unter **kosmos.de.**
Über Neuigkeiten informieren Sie regelmäßig unsere Newsletter, einfach anmelden unter **kosmos.de/newsletter**

Gedruckt auf chlorfrei gebleichtem Papier


ISBN 978-3-440-14657-6
Projektleitung: Dr. Eva Eckstein, Stephanie Schönemann
Redaktion und Bildredaktion no:vum, Susanne Noll, Hennef
Gestaltungskonzept: Gramisci Editorialdesign, München
Gestaltung und Satz: Cordula Schaaf, Grafik-Design, München
Produktion: Eva Schmidt
Printed in Slovakia / Imprimé en Slovaquie

FSC www.fsc.org
MIX
Papier aus verantwortungsvollen Quellen
FSC® C084279